国家と教育

愛と怒りの人格形成

中嶋哲彦

青土社

国家と教育

愛と怒りの
人格形成

目次

V　大衆的高等教育の創造

VI　貧困からの自己解放を支えるために

国家《こっか》と教育《きょういく》——愛《あい》と怒《いか》りの人格形成《じんかくけいせい》

序論　新自由主義的国家改造と公教育

1　本書の構成

本書には、私が二〇一〇年以降の一〇年間に『現代思想』（青土社）、『世界』（岩波書店）、民主教育研究所の機関誌『人間と教育』（旬報社）、日本科学者会議の機関誌『日本の科学者』（本の泉社）、全日本教職員組合の機関誌『クレスコ』（大月書店）に発表した論稿やエッセーのうち、一九篇が収められている。

私は、一九九八年四月から今日まで、名古屋大学大学院教育発達科学研究科の教育行政学研究室で、教育行政学・教育法学・教育政策論などの研究と教育に従事してきた。同時に、二〇〇〇年一〇月から二期八年、愛知県犬山市教育委員を兼職し、二〇〇九年七月から三期六年、全国大学高専教職員組合の中央執行委員長を務め、二〇一七年四月から二期三年、名古屋大学教育学部附属中学校・高等学校の校長を兼任する幸運に恵まれた。また、二〇一〇年四月「なくそう！子どもの貧困」全国ネットワークの設立に加わり、子どもの貧困対策推進法の制定・改正を国に働きかけ、地域における市民活動や自治体の横のつながりをつくる活動に参加してきた。本書に収録した論稿は、こういった活動のなかで執筆したものである。

私は、学問というものは、社会諸事象の中から解決すべき問題を発見し、その本質を分析し、解決方法を提示する任務を果たしてこそ、その存在意義が社会的に承認され、またその社会的・物質的存立基盤を確保できると考えている。本書に収めた論稿は、上記の社会的実践と学問研究を行き来するなかで執筆したものだ。何か一つの学問的テーマに打ち込むべきだという意見もあるが、これが私の学問的姿勢である。

第Ⅰ部には、橋下・維新の会による大阪府・市の教育「改革」を取り上げた論稿を二篇収めた。橋下・維新の会が大阪府・市で展開した教育「改革」は新自由主義的教育改革の実験であり、彼らにとって大阪府・市は、新自由主義改革の実行者として自らを政財界に売り込むための展示場だったのではないかと、私は考えている。彼らは、自分たちは自由民主党政権以上に徹底した新自由主義改革を強力に推進できる、と訴えているように見えるからだ。大阪府・市の教育「改革」には、新自由主義改革を推進する政治勢力の特質が如実に現れているのではないだろうか。

第Ⅱ部には、教育委員会制度改革に関する論稿を二篇収めた。教育委員会制度は戦後改革の一環として、①教育行政の地方分権化、②教育行政の民衆統制、③教育行政の首長からの独立、を基本理念として創設された地方教育行政制度だ。しかし、一九五〇年代半ばにはこれらの換骨奪胎が始まっていたが、二〇〇〇年代の教育委員会制度改革は教育委員会自体を有名無実化して、地方教育行政を首長主導型に転換させようとするものだった。この背景には、公立小中高校の統廃合の推進や、図書館・公民館などの私営化・統廃合など、教育や文化に対する公財政支出を首長の手で削減させる狙いがあったと、私は考えている。量的に見れば、公教育制度の中核は初等中等教育及び幼児教育であり、これらに手をつけない限り公教育の新自由主義改革は進まない。しかも、初等中等教育及び幼児教育の実施主体は地方公共団体であるため、国は地方公共団体が新自由主義改革を推進するよう誘導しなければならない。そこで、国は、規制改革を通じて住民サービスの引き下げが可能な制度的条件を作り、地方財政改革を通じて地方財政をますます逼迫《ひっぱく》化させ、さらに地方分権改革によって地方公共団体が自らの責任で住民サービスを切り下げる仕組みを整えた。今や、地方公共団体は、自ら進んで教育・福祉・医療などの住民サービスを縮小するよう、何重にも囲い込まれている。その際、教育条件整備を任務とする教育委員会は、新自由主義の公教育費削減すなわち教育条件の劣悪化に対する「抵抗勢力」にもなりうることから、首長の手で新自由主義的教育改革を推進させようとしているのだろう。

第Ⅲ部には、安倍政権とその教育政策を分析した論稿を三篇収めた。私は、安倍政権を、「新自由主義的国家改造プロジェクトの遂行を使命とする国家主義者の政権」であると捉えている。安倍政権は、新自由主義的国家改造プロジェクトを担う限りにおいて経済界（経済権力）の支持を受け、同時に国家主義的イデオロギーに応答することで政治的基盤を維持しているのだ。このため、安倍政権の教育政策・教育行政には、新自由主義的要素と国家主義的要素が奇妙に共存している。新自由主義と国家主義とはほんらい結びつく必然性がないのに、あたかも補完関係にあるように見えるのはこのためだろう。

第Ⅳ部には、政治的教養教育や教育の政治的中立について考察した論稿が三篇収められている。二〇一五年の公職選挙法改正によって選挙権年齢が一八歳に引き下げられたことを受けて、若者の政治参加や政治的教養教育に関する多くの論稿が発表された。しかし、その多くは、政治的活動を制度化された政治参加ルート（＝選挙制度）に限定したり、政治的教養教育を選挙制度に関する学習に矮小化したりして、若者の政治参加を制約したり、政治的教養の獲得を困難にしたりする仕組みを再生産するものだった。ここに収めた論稿では、民主主義社会を担う政治主体をいかに形成するか、とりわけ子ども・若者の自己形成をいかに保障するかを考察した。

第Ⅴ部には、大学・高等教育「改革」に関する論稿を四篇収めた。私は一九八六年から一二年間私立大学に勤務し、一九九八年に名古屋大学に異動した。着任するとすぐ、国立大学の独立行政法人化問題が持ち上がった。『大学と教育』第二七号（二〇〇〇年四月）に「国立大学独立行政法人化の問題」を執筆したのを皮切りに、大学問題や高等教育改革について幾つかの論稿を発表した。ここに収めた四篇は、ネガティブに語られることの多い「大学の大衆化」を捉え直し、大衆的高等教育の創造にこそ大学の存在意義を見出し、そこに大学の存立基盤を構築しようとするものである。

第Ⅵ部に収めた三篇の論稿は、子どもの貧困について考察したものだ。貧困問題は私にとって、固有名詞でふれあう身近な世界の出来事であり、貧困がもたらす理不尽に幼い頃から心を傷めた。また、格差・貧困は私を社会科学の入口に導いた社会問題の一つでもある。十数年前と比べると、貧困問題の認識は深く豊かになり、貧困に直面する子ども・若者に対する支援が法律に規定された。しかし、貧困問題はしばしば、支援する人と支援される人との、支援される人を劣位におく非対称的な関係を生み出してしまう。私は、「自分自身の世界を知る権利」（ユネスコ「学習権宣言」）の保障を軸に、貧困に直面する人々の貧困からの自己解放を支えることに、公教育の使命があると考える。貧困問題の根源には、経済的格差を生み出す資本主義的市場経済の問題が存在するだけでなく、その格差を容認し、固定化し、拡大する社会的メカニズムが教育制度を含めて社会全体に張り巡らされていると考えるべきだろう。

このような論稿からなる本書に『国家と教育——愛と怒りの人格形成』という書名を与えたのは、私の論稿の多くは明示的または暗示的に現代資本主義国家論を伏線として構成されているからだ。

私は、高校時代、当時名古屋大学教養部に在職していた影山日出彌先生の著書や論文を、一つ年上の友人沢田直人氏から紹介され、たちまち影山先生の憲法学と国家論の虜《とりこ》になった。努力に努力を重ねて名古屋大学に入学し、『憲法の基礎理論』をテキストとする講義を聴き、自主ゼミを組織して影山先生から史的唯物論の手ほどきを受けた。影山先生の急逝後は、田口富久治先生の政治学ゼミに二年間参加し、最新の現代資本主義国家論を原書で読む機会を得た。卒業論文

「国家と教育」は学術論文と言えるようなものではないが、ネオ・マルクス主義の理論を教育制度の分析に適用しようとしたものだった。法学部から大学院教育学研究科に進学したのは、教育制度を一つの国家装置として捉えつつ、学習・教育を市民社会に取り戻す道筋を考えたかったからだ。

沢田氏はいまも私にとって最も熱心な読者であり、最も的確な批評家の一人であるが、彼の「君は様々なテーマで論文を書いているが、結局のところ国家を論じ続けているんだね」という言葉で、自分が何をしてきたのか改めて気づかされた。沢田氏の言うとおり、本書に収めた論稿はいずれも国家そのものの改造を強く意識して書かれている。これらにおいては、国家を直接に論じていると否とにかかわらず、学習・教育を市民社会に取り戻しつつ、学習・教育における市民的自由を尊重し、その存立を物質的に支える国家を創出することが、理論的・戦略的課題とされている。

また、サブタイトルを「愛と怒りの人格形成」としたのも、奇をてらったわけではない。今日の経済的支配は、人間を「人材」という経済的価値基準でしか捉えようとせず、公教育制度を競争力人材の育成装置に変質させようとしている。また、この経済的支配を支えるため、政治的統治は、自由と民主主義を担う主体を育てる公教育や、個人及び社会集団の自主的・主体的な学習活動を組織的・系統的に阻害しようとしている。この経済的支配と政治的統治に対抗する人格形成の中核には「愛と怒り」が据えられるべきだ、と私は考えている。

教育基本法第一条は、「教育は人格の完成を目指し」という言葉で始まる。ここに言う「人格」とは、知的・身体的能力と、その能力の行使を制御する価値体系から構成される、と考えている。そして、一人ひとりの個性的な在り方が承認されなければならず、経済的権力も政治的権力も自由な人格形成を侵害してはならない。他方、子ども・若者をどのように人格形成するか、また子ども・若者がどのように自己形成するかは、究極的には個人の自由にゆだねられるべきものだ。他方、市民社会内部においては、人格形成をめぐる自由なディスカッションが必要である。それが失われれば、公教育の活力と健全性はあっという間に失われてしまうだろう。

私は、学ぶことの本質は、新しい知の獲得を通じて、自己自身を拡張することにある、と考えている。自己の拡張とは、他者との間に境界を立てることではなく、他者を組み込んだ新しい自己を生み出すということだ。他者を理解することは、新しい自己を作り出すことでもあるのだ。そして、他者を組み込んだ自己とは、他者を愛し、他者のために怒ることのできる自己にほかならない。

個人を経済的尺度でのみ評価し、人々を排他的競争に駆り立てる経済的支配と政治的統治に対抗する新しい価値を生み出すことが課題であるとすれば、その柱の一つには他者を愛し他者のために怒ることのできる人格形成が加えられるべきだ、と私は考えている。

2　現代資本主義国家と新自由主義的国家改造

ここでは、あとに続く論稿の論理的前提として、現代資本主義国家とその新自由主義的改造の本質理解をスケッチしておく。しかし、読者には、まず第一章以下の論稿を通読したのちに、もう一度ここに戻ることをお勧めする。

(1)　資本主義国家の任務

資本主義国家の基本的任務は、経済的支配階級による階級支配を確保し再生産することにある。そして、この任務は次の二つの事務を通じて遂行される。

第一に、資本主義国家は、次のような「支配階級の共同事務」を担い、組織的・系統的に遂行する。

①支配階級の被支配階級に対する経済的支配を自由意思に基づく契約関係と説明して隠蔽《いんぺい》しつつ、被支配階級を「国民」として政治的に統治すること。

②支配階級内部の利害調整を図りつつ、支配階級の階級意思を国家意思に変換し、階級支配に

公権力による国民統治という外形を与えること。

③外国による侵害を排除するとともに、海外市場を拡張して国内資本の活動領域を拡大すること（しばしば軍事力を用いて）。

つまり、資本主義的生産関係、したがって階級支配を維持し、資本の利潤追求と資本蓄積を助けることが資本主義国家の第一任務である。

第二に、資本主義国家は補助的・副次的機能として「社会的・共同的事務」を処理する。社会的・共同的事務とは、人間社会の存立・存続に必要な広い意味でのインフラの整備（道路・水利事業、衛生事業、貨幣の鋳造・発行等の経済的機能、支配階級の成員をもふくむ諸個人による秩序侵害の排除）の業務を言う。公教育もこの社会的・共同的事務の一つである。社会が身分や階級に分裂する前の前国家的段階においては、社会的・共同的事務の処理は文字どおり社会自身によって担われた。ところが、資本主義的生産関係が社会を階級に分裂させると、これらは社会を成り立たせるために必須の事務であるにもかかわらず、資本主義自体は社会的・共同的事務を遂行する契機を内包していないため、国家が社会的・共同的事務を担わざるをえなくなったのである。なお、新自由主義は、資本主義国家が担ってきた社会的・共同的事務に市場的価値を強引に付与し、公務を商品化・市場化しようとするものである。

また、国家は、社会的・共同的事務を担うことで、自らが公共性を担う唯一の存在であることをアピールし（「公」の独占）、公権力として国民を政治的に統治することに正統性を確保してきた。これは、国家以外には公共性、国民全体の利益を担いうるものはないといった国家イデオロギーを生み出し、国家が公教育の目的・目標・内容・方法を権力的に管理することさえ当然かつ必要なことだとの公教育観を導き出す。

さらに、国家は「公」の独占を維持するために、社会内部から民衆的・自律的公共性が生まれ始めると、それらが萌芽のうちに摘み取り、あるいはそれらを国家的公共性の枠内に取り込み、被支配階級が主体的に民衆的・自律的公共性を作り出すことを阻止しようとする。そして、国家なしには社会的・共同的機能は遂行できないという、国家への依存、国家への一体化を強化し、被支配階級の政治的統合と経済的支配への同意が調達される。

要するに、資本主義国家は、①資本主義経済に内在する階級支配を、国家による国民統治という外被《がいひ》で覆い不可視化するとともに、②「国民主権」すなわち国民自身による統治(government by the people)という虚構によって、国家による国民統治にも正統性を確保している。したがって、認識論上は、「国民国家」や「福祉国家」も社会の階級分裂・対立を隠蔽する国家イデオロギーのひとつとして把握しておく必要がある。

ただし、ここでは認識論のレベルで資本主義国家の虚偽性を暴くことが課題であり、国民主権や基本的人権についてもその虚構性に言及しなければならない。しかし、その場合、経済学・政治学を基礎とする認識論としての国家本質論の議論と、国家の統治手段である現行法を武器として国家による国民統治と対峙する場面における法律学的戦略・戦術論とははっきり区別し、それらを使い分けて立論する必要がある。

（2）新自由主義的国家改造——福祉国家的統治形態の廃棄

資本主義国家は多様な統治形態を取りうるが、第二次大戦後から一九七〇年代中頃までの介入主義国家は、被支配階級の政治的・社会的・経済的要求をある程度受け入れ、また支配階級の利益をある程度抑制し、資本主義経済が生み出す社会諸矛盾を緩和・是正することで、被支配階級から資本主義的支配への合意を取り付けてきた（福祉国家的統治形態）。教育制度に関して言えば、この時期には、後期中等教育・高等教育を含む教育の機会均等の拡大や公費教育の拡充が図られた。ただ、そのときも、被支配階級の要求どおりにコストを負担するわけではなく、教育制度に関して言えば、労働力需要に対応して人材を供給できるように学校制度を編成したり、歴史の歪曲や一面的価値の押し付けを通じて国民の政治的統合に資するよう教育課程を編成したりしていることには注意を要する。

この意味で、福祉国家における教育機会の拡大・均等化や社会福祉・公的医療に要する公財政支出は、資本主義的生産関係を維持するための必要経費（統治コスト）にほかならない。階級間の力関係において被支配階級が相対的に優位を保っている時期には、支配階級は国家が支出する統治コストの増大に妥協せざるをえない。しかし、統治コストの増大は支配階級にとっては領有する富の減少を意味するため、支配階級は公教育・社会福祉・公的医療の抑制を求め、統治コストの負担を回避しようとする。このため、富の市場的配分と再分配制度にかかわる対立は、法的には生存権・教育を受ける権利・労働基本権といった社会権的基本権保障をめぐる問題として、経済的には労働分配率や所得再分配制度の問題として非和解的争点を構成している。

ただ、資本主義の諸矛盾を彪大《ぼうだい》な国家財政支出を伴う施策・制度を通じて解決しようとするかぎり、福祉国家は早晩国家財政危機に陥らざるをえず、先進資本主義諸国は福祉国家的統治形態に代わる統治形態を模索せざるをえなかった。資本主義に対抗的な世界経済体制が崩壊した一九九〇年代以降は、福祉国家的統治形態に固執する理由は失われ、新自由主義的統治形態が選択されることとなった。

こうして、欧米では一九七〇年代後半乃至《ないし》一九八〇年代以降、日本でも一九九〇年代以降、

①国際・国内市場の拡大と非市場部門の市場化
②独占資本に有利な市場と競争ルールの確立
③産業構造の転換のための不採算部門の整理
④国家財政の独占資本の利益実現のための使用
⑤福祉国家的統治コストの削減
⑥グローバル人材・競争力人材の育成と海外からの調達
⑦産業と学術研究の軍事部門への進出

などを目的・内容とする新自由主義的改革が展開されてきた。これらは福祉国家的統治形態の廃

棄であるがゆえに、国・地方自治体を貫き市民の自律的活動領域の再編成にまで及ぶ国家改造という形態をとらざるをえない。

（3）競争による統合と、市場的価値による支配

新自由主義的統治形態は、「競争による統合」とでも言うべき国民統治を特徴とする。新自由主義的競争制度には、

①国民の全活動領域にわたる競争主義的再編成
②全活動領域への単一の市場的競争ルールの適用と各領域の固有性の否定
③競争の結果生ずる格差を緩和・是正する措置の極小化
④全国民の競争制度への組織化

といった特質がある。この競争が社会全体を覆うようになると、諸個人はそれらを受け入れる以外には自らの生存条件を確保できないという閉塞状況に追い込まれてしまう。そのため、競争に参加することが合理的な選択だと判断されるようになる。

また、所得再分配制度や公教育・社会保障・公的医療などの公共サービスが縮小したことで、所得格差がそのまま、生活や人生の格差として現れてくる。ところが、窮乏化する国民の不安と不満は、自分より優遇されている他者に対する攻撃＝引き下げ競争に組織化されやすく、排他的競争制度に回収されてしまう。競争とその帰結である格差の固定が、排他的競争に対する不満を

封じ込め、人々は競争の中に一発逆転のチャンスを求めるよう方向づけられてしまうのである。したがって、「自助→共助→公助」という序列は、かつて福祉国家が引き受けた「公助」の極小化を意味する。また、「たくましい日本人」や「生きる力」といったフレーズもまた、排他的競争を生き抜く人間像のイデオロギー的表現である。

こうなると、国家による政治的統治に媒介されることなく、資本主義的階級支配がそのまま貫徹する局面が増大することになる。福祉国家における政治的国民統治は、独占資本による経済的階級支配を覆い隠す外被の役割を担うものであったが、国家が介在する限りにおいて民主主義的意思決定や基本的人権を尊重させる余地があった。ところが、新自由主義段階では、国家による統治に媒介されることなく、市場経済が直接人々を操作し、経済的支配が貫徹していく。競争主義的市場原理自体には、民主主義的意思決定や基本的人権を尊重する契機が内包されていない。公立学校は経済界・産業界の人材需要＝人材の市場的価値序列によって直接操作され、また独占資本の人材需要を内面化した児童生徒や保護者の要求に直面することとなる。

さらに、資本制社会の市場における選択はつねに、当事者の意思を超えた経済合理性という磁場にさらされている。市場における選択の自由は、多様な価値観の共存を受容するものではなく、資本主義適合的な選好を諸個人に内面化させ、市場的価値に沿った選択を強制する。個人の「自由」な選択は経済的交換価値に縛られ方向づけられているのであり、「学校選択の自由」は資本主義的労働市場・教育市場における強制された選択の虚偽的表現でしかない。

(4) 新自由主義的統治形態の抑圧性

新自由主義改革は、①支配階級の経済活動の自由を無際限に拡大し、②支配階級の利潤追求を可能かつ容易ならしめる制度的条件を整備するため、③被支配階級に対する搾《さしゅ》取と収奪を強化しようとするものであり、支配階級の被支配階級に対する階級闘争という性格を有する。

その際、福祉国家の公教育・社会保障・公的医療は、被支配階級が階級闘争を経て支配階級から勝ち取った歴史的成果でもあるから、支配階級がこれらを廃棄し搾取・収奪を強化するためには、国家の公権力の助けを借りて被支配階級を抑圧し続けなければならない。このため、新自由主義国家は「小さな政府」どころか、きわめて抑圧的な政府にならざるをえない。

それは第一に、民主主義と社会諸活動の危機として現れる。社会諸活動が健全に成立するためには、①社会諸活動それぞれが内在する固有の価値や原理を尊重し、②社会構成員の合意形成過程への参加を保障することが不可欠であるが、新自由主義改革はこの両方を否定してしまう。資本主義社会における社会諸活動は元来、究極的には市場的価値の影響を受けざるをえないが、社会諸活動はその領域ごとに固有の論理を内在させており、それらは仮象的ながら民主主義と基本的人権尊重を原理とする国家に媒介されることによって、市場原理に優先して働く余地がある。ところが、新自由主義改革は、国家が遂行してきた諸機能を、民主主義・基本的人権尊重による抑制の契機を内在させない市場原理に委ねてしまう。教育の商品化・市場化は、学校教育を利潤追求の手段とすることと捉えられがちであるが、公教育の管理を、学習・教育に内在する原理が及ばず、民主主義的統制と基本的人権尊重原理が機能しない市場に委ねてしまう問題としてこそ理解されるべきだろう。

第二に、社会諸領域における活動に内在する固有の原理に立脚し、自律性をもって専門職務に従事する人々に対する攻撃が強まる。予め定められた目標の達成度を基準とする成果主義的教員評価制度はその典型であり、目標設定と評価を通じて、職務遂行の自律性が保障されるべき専門職の職務遂行過程が他律的に管理される。

今日では、教育現場にもＰＤＣＡサイクル（Plan-Do-Check-Action）が業務改善システムとして持ち込まれている。これは、教育のように、本来は専門職の自律的遂行に委ねざるをえない業務を、その専門領域の外側から管理するシステムであって、教員には上級機関が設定した目標を達成することが求められる。教育内在的な論理に根ざし、また子どもの実態とニーズに応答すべく創意工夫をもって行われるべき教師の教育活動を目標管理の対象とすることは、教師の専門的力量を低下させ学校教育の劣化をもたらしかねない。

第三に、市場を通じて実現される経済的支配によって生み出される民主主義の抑圧や基本的人権侵害に対する被支配階級の抵抗を抑圧するため、治安・公安警察やそれを正統化する司法の機能が強化される。また、国の法令や資本主義的経済秩序に則って行動することを国民に要求し、学校教育を通じて子どもや親に規範主義的倫理や行動規範が押し付けられる。しかし、これを強めれば強めるほど自律的な倫理観・行動規範の形成が阻害されるため、警察国家化と治安維持コストの増大を招きかねない。また、学校における政治的教養教育は、国民の政治的活動を選挙制度内に封じ込め、国民の主権者性をますます形骸化させることとなる。

第四に、国家機構内部でも意思決定部門の実施部門に対する管理が強化されるほか、地方自治体の政策立案・実施に対する国の抑圧性が増大している。たとえば、法人化以降の国立大学は、「自主性・自律性」の尊重は名ばかりで、政府に対する大学自治が衰退する一方、大学内部では大学構成員に対する抑圧が強まっている。また、地方財政は恒常的に窮乏状態に置かれており、「地方分権」が強調されるものの、地方自治体の政策立案・実施は国家戦略の枠内に押しとどめられる。

（5）国家の転換へ——教育と教育行政の転換

教育学の世界では、公教育は、国家（国・地方公共団体）と不可分のものとして捉えるのが一般的だ。幾つかの辞典を調べると、「公教育」は次のように説明されている。

「公の性質をもち、法律の定めにもとづいて運営されている教育組織」（五十嵐顕・大田堯・山住正己・堀尾輝久編『教育小辞典』岩波書店、一〇一頁）

「国または地方公共団体により組織化され、または管理される教育」（平原春好・寺崎昌男編『教育小事典』学陽書房、一〇〇頁）

「狭義においては、公共の資金によって設立された教育施設で行われ、国または地方自治体の教育行政機関によって管理される公費による教育（公費教育）を指すが、広義においては、国や地方自治体により公的に条件整備されている教育をいう」（兼子仁・神田修編著『教育法規事典』北樹出版、一四〇頁）

「公費によってまかなわれ公的関与のもとにおかれた教育」（青木一・大槻健・小川利夫・柿沼肇・斎藤浩志・鈴木秀一・山住正己編『現代教育学事典』労働旬報社、二七四頁）

これらは、①歴史的意味での公教育の成立には公権力（国、地方公共団体）が関与したという歴史認識、②現代における公教育は多かれ少なかれ公権力によって管理されているという現状認識、③公教育は公費（国、地方公共団体が国民から徴収し管理する資金）によって維持管理されているとの現状認識及び公費で維持されるべきだとの当為、を共有している。要するに、公教育は近代以降、国家が関与して組織された教育の仕組みであると認識されている。

公教育とは国家が関与して組織運営される教育制度であると理解するとして、それが人権論と結びつくと、国民の教育の自由を確保したうえで、国家は「教育の機会均等」や公費教育を実現する責務を負わなければならないという教育制度原理が生まれる。しかし、学習指導要領や教科書検定を媒介とする国家による教育内容統制が恒常化している日本では、国家の関与なしには公教育は成り立たないとの観念が生まれ、国家が公教育の目的・目標を法定したり、学校の教育内容を権力的に管理したりするのを当然かつ必要なことと捉える傾向がある。

しかし、時間の軸をもう少し過去に遡《さかのぼ》ると、近代以降に成立した公教育制度とは異なって、国家が関与しない、公教育と教育行政の原始的な姿が見えてくる。教育は、学ぶ者と教える者の間に成立する人間関係であり、ひとつの社会関係として歴史的に発展してきた。この社会関係は当初、原始的な家族内部での自然発生的な関係として誕生したはずだ。ここでいう家族とは、一夫一婦制の近代家族ではなく、多様な婚姻関係の血縁家族やそれらが集合した拡大家族、つまり原始的な家族を想定している。

近代以降に視野を限定すれば、公教育の原点を近代家族の私事としての教育に求めることになるだろう。しかし、近代家族成立以前に遡って考えると、教育という営みは原始的共同体内部において血縁関係を越えた社会関係として存在し、原始共同体そのものが教育を担っていたと考えるべきだろう。私教育は家庭が担い、公教育は国家が組織運営するという理解の仕方は、近代以降にのみ当てはまる。近代的意味での公私の区別が成立する前の原始共同体においては、学習と教育は私事としてではなく、共同体の共同事務として成立したはずである。

ここでは、共同体の共同事務として成立した教育を、公教育の原型＝原始的公教育と捉えることにしよう。もちろん、ここで言う原始的公教育とは、近代以降に多かれ少なかれ公権力が関与して成立した公教育制度のように制度化・体系化されたものではない。多くの場合、少なくともその初期の段階では、日常的な採取・狩猟・耕作などの生産の諸過程が、そのまま学習・教育の過程と重なり合い、学習・教育は日常生活に必要な知識・技術の非系統的な伝達にほかならなかったたろう。教育が一つの独立した社会的事業（学校教育）として析出《せきしゅつ》し、職務として分業化され教育に専従する人間集団（職業的教員）を析出するのは、ずっと後のことである。

原始共同体が発展するにつれて、学習・教育の目的・内容やそれを物質的に成り立たせる資源配分は共同体構成員の共通の関心事にならざるをえず、原始的公教育の運営に共同体構成員の自覚的な意思が介在するようになったであろう。このことは、原始共同体内部にその共同事業として公教育が誕生すると、それらに対応して原始的公教育を維持・管理する業務が誕生したということだ。共同体にある一つの共同事業が成立するためには、共同体内部にそれを管理する業務が、これまた一つの原始的な共同業務として誕生するのだ。

共同体は自らを再生産するために、構成員の世代的更新に対応して旧《ふる》い世代が獲得した知を新しい世代に伝達するとともに、共同体を成り立たせる価値の共同性を維持しなければならない。ここに、共同体が構成員の学習・教育を公教育として組織し、その管理業務＝教育行政を共同体の業務として遂行する理由がある。人間の共同体が成立するところには、その共同事業としての公教育が成立し、さらにその共同管理業務として原始的教育行政が成立するのである。

近代以降、経済的階級支配に対応して国民を政治的に統治する国家が、公教育を維持・管理する地位に就き、その管理業務を教育行政と称している。これは、原始的公教育の共同管理業務としての原始的教育行政とは、明確に区別しなければならない。このことは、近代以降における国家による教育行政は公教育管理の特殊な形態にすぎず、国民統治作用という要素を抜き取った共同体構成員自身による公教育管理としての教育行政が再構築される可能性も論理的にはありうることを意味している。

歴史的にも、初期アメリカのタウンシップにおけるコモンスクールの地域住民による共同管理にその例を見ることができるし、大正期の自由大学運動もまた学習・教育の自主管理の位置形態にほかならない。今日では私教育に分類される寺子屋のような教育形態にも学習・教育の共同性を認め、そこに公教育の萌芽を見出すことは可能であろう。

しかし、教育と教育行政から国家を退場させればよいということにもならない。現代社会は究極的には資本主義の市場原理に支配されており、国家の教育と教育行政からの退場は、それらを市場原理に委ねる結果をもたらしかねないからだ。そうなれば、教育と教育行政を共同体の共同事務として再生させるどころか、教育の商品化と学習の競争手段化を招きかねない。

したがって、究極的には社会の経済的構成原理自体の転換が必要となるとしても、当面は資本主義国家が国民統合のために虚構的に掲げる民主主義と基本的人権に実質を与えることを通じて、国家の基本的任務を転換させる道を探ることが戦略的課題となるだろう。

参考文献

田口富久治「先進国革命の国家論」『国家と革命（講座　史的唯物論と現代5）』（青木書店、一九七八年）。

田口富久治『政治学の基礎知識』（青木書店、一九九〇年）。

プロローグ　新自由主義の国際的展開と日本の教育

新自由主義の世界的展開

資本主義経済はその誕生当初から、あらゆる境界を越えて展開し、巨大企業の経済活動は多国籍的に拡大してきた。人間の諸活動はもともと無限の発展可能性をもつから、経済活動の国際的拡大には必然性がある。しかし、極端な富の集中と格差・貧困の拡大に見られるように、経済のグローバリゼイションは資本主義的歪みをともなって進行している。

ところが、多くの国々はその是正・緩和どころか、それらを助長する政策に執着している。各国政府は巨大企業向けの減税やインフラ整備を進める一方、国民には際限のない犠牲と我慢を強いている。このため、多くの人々が閉塞感に押しつぶされ、利己的・排他的な行動に駆り立てられやすい感情を抱えながら生活している。

各国政府は、巨大企業の国際競争力の強化に奉仕することに「国家」の生き残りをかけるほかないと考えているのだろう。各国政府は、あるときは協調し、またあるときは競い合って、(a)巨大資本の経済活動を制約する規制や制度の緩和・撤廃、(b)巨大資本に有利な競争ルールと包括的な競争市場の創設、(c)巨大資本が求める人材の育成・供給と、海外からの人材調達、(d)教育・福祉・医療などへの公的支出（統治コスト）の削減を進めている。

新自由主義改革は巨大企業のための国家改造プロジェクトであって、国家や社会のあり方、そしてそこに生きる人々の生のあり方さえ改造しようとしている。

公教育制度に関していえば、第二次世界大戦後、学習・教育の権利性や「教育の機会均等」が国民的・国際的合意となり、「政府には教育を受ける権利を保障する責務がある」という確信が共有されてきた。しかし今日、各国政府は公教育制度を、「競争力人材」を安上がりに育成・供給するシステムにつくり変えようとしている。つまり、公教育の目的を「人間を育てる」ことから「効率的に人材を育成・供給する」ことに変えること、これが新自由主義教育改革の中核にあるねらいだろう。

公教育の目標管理

私たちは、「自由」という言葉に惑わされないようにしなければならない。新自由主義における「自由」の中心は「経済活動の自由」である。この「自由」が基本的人権や民主主義の上に置かれ、説得と納得による合意形成の価値が軽んじられる。しかし、「自由な選択」の向かうべき先は、あらかじめ構造的に決定されている。人々はみずからの選好に従って行動していると信じているかもしれないが、強力な磁場のもとであらかじめ決められたように選択しているにすぎない。

ここでいう「磁場」とは何か。

一つめは、達成目標と評価基準である。公教育の目標、そして学力観や指導内容は、巨大企業が求める競争力人材の育成と密接に関連している。政府が定める達成目標（学習指導要領の指導内容や到達目標）には法的強制がともなう。国際機関や民間団体が定める目標や基準も、実際上の強制力をもつことがある。学校教育の成果はこの目標に即して評価され、教育現場や地方教育行政の責任が問われている。ＯＥＣＤがコンピテンシーを定義したり、ＰＩＳＡテストを実施したりする背景にも、資本主義が求める能力のスタンダードを明示的に定義するねらいがあるのだろう。

目標と評価による管理システムがあれば、学校の運営を現場の自主性・自律性にゆだねても、各国政府は公教育を統制しつづけられる。学校・教職員には、あらかじめ定められた目標達成のための「自主的」努力が要求される。そして、学校の目標達成状況は、学校評価・教員評価、大学の認証評価や国立大学法人評価など、幾層もの評価制度によって監視されている。

アメリカやイギリスでは、学校評価の結果を公表することで、各学校の目標達成に対する責任を問うとともに、保護者が学校選択に利用できるようにしている。これにより、各学校は逃れようのない目標達成競争に組み込まれてしまう。

二〇〇七年から悉皆《しっかい》「調査」として始まった全国学力テストは、二〇一〇～二〇一三年度の抽出方式採用時でさえ全校参加としている地方公共団体は多く、「学力」に関する目標管理のための評価制度として働く可能性は消えていない。

アメリカやイギリスでは、学力テストの結果による予算配分、評価の低い学校の校長・教職員の解雇、公立学校の民間企業への全面的委託といったムチも制度化されており、学力テストの結果次第で学校や教職員の運命が左右される。公教育の目的が学校・教職員自身の生き残りにすり替わり、児童生徒の学習権保障はどこかに吹き飛んでしまう。これ以上のモラル・ハザードはないだろう。イギリスでは、目標管理のための学力テストが学校教育そのものを破壊してしまうことを認め、政府は二〇年続いたナショナル・テストの見なおしに踏み出した。

教育財政削減と民間委託への誘導

二つめの磁場は、つくられた恒常的な財政欠乏状態である。各国政府は「小さな政府」をめざし、公務員の削減や教育・福祉・医療予算の縮減を続けている。このため、地方公共団体や学校は恒常的な財政欠乏状態に置かれ、何をしようにもお金がない状態が続いている。これが公教育の歯車をくるわせている。

日本では、学校制度や教育条件整備に関する基準が緩和・撤廃され（規制改革）、地方公共団体の裁量権が拡大された（地方分権改革）。しかし、必要な財源が保障されていないため、多くの地方公共団体にとって自主的に教育条件を改善する余地はなく、財政難を理由に教育条件の引き下げが進められている。二〇〇四年に義務教育費国庫負担制度の総額裁量制が採用され、教員配置に関する都道府県の裁量が拡大されたのをきっかけに、正規教員を減らして人件費を節約する動きも強まっている。

アメリカでは、いくつかの州が学級編制に関する基準を撤廃したため、学級規模の拡大や教員のリストラ、そして教育力の低下が心配されている。

他方、学校制度に関する基準の緩和・撤廃は、「競争力人材」の育成を目的とするエリート校への集中的な財政支出も可能にしている。定時制高校や専門高校の統廃合を進める一方で、中等教育学校の新設・整備に多額の公費を支出するなど、教育財政における「選択と集中」が顕著になっている。「機会均等」原理に反する施策が、「住民のニーズに応える」という理屈で正当化されている。

さらに、恒常的財政欠乏状態のもとでの規制緩和には、教育事業への民間企業の新規参入を促進する効果がある。民間委託により経費を節減したい地方公共団体のねらいと、公共サービス市場から利益を得ようとする民間企業の思惑が一致するからだ。

日本でも、大手私学が地方公共団体から公立学校の経営権を買収しようとする動きや、株式会社が学校経営に乗り出すなど、公教育への「民間参入」が活発化している。国民が学校法人を設立して公教育事業に参加することは「教育の自由」のひとつとして尊重されなければならないが、ここで「民間参入」を問題にするのは、その背後に営利目的が隠されているからだ。アメリカの学校運営会社に相当する企業はまだ見られないが、日本でも公民館や図書館を民間委託する地方公共団体は増えており、学校図書室の民間委託に踏み切った例もある。

「選択の自由」と社会的排除

三つめは、市場原理の磁場である。公教育の市場化は、人間発達の原理や機会均等の価値など、公教育に固有な価値や原理を排除して、子どもの成長発達を利潤追求の論理にゆだねることを意味する。ただし、新自由主義の議論は、公共サービスの利用者の「自己選択」や「選択の自由」を重視する主張をふくみ、これらが市場化の論拠になっている。公教育制度においては、さしあたり学校選択制として現れる。

アメリカやイギリスの学校選択制には多様なバリエーションがあり、私立学校をふくむ学校選択制や、区域外の学校選択を許容するケースもある。また、学校選択制は学校の設置形態の多様化（チャーター・スクール制度、学校運営会社による学校管理）を導いたり、学校選択と予算配分を結合させて教育バウチャー制度に転化したりもする。

学校選択制のもとでは学校間競争は必至であり、学校は優等生を集めたがり、困難を抱える児童生徒を排除しがちになる（スキミング）。市場原理がさらに強く働けば、児童生徒が少ない地域では公教育が供給されなくなったり、教育の質が著しく低下したりする恐れもある。これは公教育制度からの排除を意味する。

新自由主義的教育改革の支持者は、国・地方公共団体の責任を、教育を受けるために必要な資金（の一部）を利用者に給付することに限定し、どこでどのような教育を受けるかは、市場における利用者の「選択の自由」にゆだねるべきだと主張する。そして、これまで国・地方公共団体に公教育の実施・提供責任を課してきたことで、教育行政が学校や教師の教育活動を管理統制するのを許してきた、という。

しかし、国立大学法人制度の実態を見れば、「資金の提供」は国・地方公共団体による教育活動への管理統制の論拠にされることは明らかである。さらに、仮に公教育が国家による直接的管理を離れたとしても、今度は巨大企業の利益に支配された市場の論理に従属することになるだろう。この点に関して、今日、公教育とビジネスの連携が強調されていることに注意を払うべきだろう。

教育専門性への攻撃

上記三つの磁場を働かせるうえで邪魔になるのは、専門的自律性を備えた教師の存在である。

このため、新自由主義改革は専門的職務に従事する人々の専門的判断の重みを認めず、専門職の職務遂行における自律性を否定する傾向がある。

社会には、専門家（集団）が社会全体から信託を受け、それぞれの専門的知識技能と専門職としての倫理にもとづいて遂行すべき職務の領域がある。教師の職務もその一つと考えられ、日本では「教師の教育の自由」「不当な支配の禁止」といった言葉で表現されてきた。

しかし、政府が公教育制度に目標管理システムと市場原理を持ち込むためには、こういった職務遂行上の自律性を教師に認めることはできない。そこで、(a)教師の教育専門的力量、職業的威信、保護者との信頼関係の毀損《きそん》、(b)校長中心の学校運営体制と教職のルーティン化、(c)教師の官僚化と教員組織の官僚制化、(d)専門性の教科・生活指導領域への限定といったかたちで、教師への攻撃が組織されていく。

多忙化や保護者との関係悪化に悩む教師は少なくないが、その原因の多くはこうしてつくり出されたものである。

新自由主義がもたらす将来に、人間と社会の持続性を期待することはむずかしい。それでも、新自由主義の勢いは弱まる様子を見せない。新自由主義改革の連鎖反応は、それを始動させた政府にさえ制御しがたく、今や自己増殖を始めているのかもしれない。

I　大阪における新自由主義改革の実験

第一章　大阪府教育基本条例の悪夢
——政治支配に抗し、教育自治を

1　教育基本条例の悪夢

大阪維新の会（以下、維新の会）は、二〇一一年九月二一日、[1]大阪府議会に教育基本条例案を提出した。周知のように、これは維新の会が提出した二つめの教育関係条例案である。

これに先立つ五月二五日、維新の会は府議会に「大阪府の施設における国旗の掲揚及び教職員による国歌の斉唱に関する条例案」（以下、起立斉唱条例）を提出し、六月三日これを可決成立させた。その際、起立斉唱条例に違反した教職員らを処分するため、別途、懲戒条例案を提案すると予告していた。それが教育基本条例案であり、懲戒条項はその第六章に置かれている。第六章には一〇〇件近い懲戒・分限事由と処分手続が事細かに書き込まれており、その内容は大方の予想どおり不当極まりないものだった。

しかし、見落としてならないのは、教育基本条例案はその名が示すとおり職員懲戒条例の域を越え、教育と教育行政の原理と制度を根本的に転換する意図で作られていることである。教育基本条例案は全体として突貫工事の印象を拭えないが、維新の会は当初から教育と教育行政を包括的に政治支配する体制を作り上げることを目指し、起立斉唱条例の制定はそこに至る跳躍台だったのかもしれない。

教育基本条例案の問題点は言葉を尽くして逐条的に論じたいところだが、すでに多くの論考があるうえ、[2]二〇一一年末以降の新たな展開にこそ目を向けるべきだと考えるので、ここでは主な問題点を指摘するに留める。[3]

(a)知事による教育目標の設定と、教育委員会・学校・教職員に対する目標管理
(b)学校経営への貢献度等を基準とする「人事評価」(相対評価)と、二年連続D評価による分限免職
(c)高校の校区制廃止
(d)児童生徒への「有形力」行使と、保護者の「いちゃもん」禁圧とクラブ活動への協力義務
(e)府立学校の「法人化」と職員の分限免職
(f)三年連続定員割れの府立学校の統廃合と、廃校に伴う職員の分限免職
(g)グローバル人材・競争力人材の育成・供給の重点化

私の直感は、これは悪夢へのとば口であり、まかり間違ってもこの扉を開いてはならないと教えてくれる。こんな近未来が見えてくる。(1)教育・教育行政に対する知事の強権的支配体制の確

立、(2)府立学校の統廃合促進と公教育からの漸進的撤退、(3)エリート教育（グローバル人材・競争力人材の育成）に特化した府立学校。そして、何より重大なことは、(4)児童生徒の人格形成過程と人々の生そのものへの政治支配。橋下人気にあやかりたい政治家たちが国政レベルであるいは各地でこれを模倣し、公立学校のみならず私立学校を含む公教育の破壊が始まる。そして、最終章ではこの国と社会が朽ちていく。こんな悲劇を開演させるわけにはいかない。

2　維新の会・教育基本条例案——教育と教育行政への権力的支配

本論執筆中、維新の会は府教委との間で教育基本条例案の修正協議を進め、新たに教育行政基本条例案・府立学校条例案・職員条例案を府議会及び大阪市議会に提出する準備を着々と進めている。そのため、本論ではそれらの検討に紙幅を割きたいが、[4]その前に昨夏以降の経緯と教育基本条例案の目玉中の目玉である知事による教育目標の設定について整理しておかなければならない。

二〇一一年夏にさかのぼろう。維新の会事務局は八月一〇日、教育基本条例の事務局最終案（八月九日付）を完成させ、同会幹部に提出した。以下、これを「八月九日案」と呼ぶ。橋下氏は、政治マターだと断りつつ、教育委員会にもこれを示している。このとき、維新の会は八月二二日にマスコミ発表し、九月には維新の会が議席をもつ大阪府・大阪市・堺市の議会に提出すること

を予定していた。(5)

八月九日案は、府条例案と市条例案に分化する前のもので、府の条例案でありながら市町村教委を直接拘束する条項を含み、その点でも地方自治法に違反するものだった。また、学校教育法や地方教育行政法などに違反し、またはそれらと齟齬《そご》のある条項が随所に見られた。ただ、それらが意図的なものか、現行法制への理解不足に起因するのか、あるいはケアレス・ミスなのか判然としない。おそらくそれらが混在しているのだろう。教育基本条例案はこれ以降数次にわたって修正が加えられたが、その趣旨はバージョンアップというよりケアレス・ミスに関するバグ・フィックス(誤りの修正)とでも言うべきものであった。(6)

数次の修正にもかかわらず、維新の会の狙いは一貫している。それは、(1)知事に教育環境整備権と教育目標設定権を与え、(2)知事−府教委−校長−教職員の上命下服の目標管理システムを構築することである。教育環境整備権の授権は、差し当たっては具体的な権限というより、知事が教育と教育行政について包括的な支配権を有し、府教委等に優越する地位にあることを宣言したものだろう。他方、教育目標設定権は、知事が目標管理システムの頂点に立つことを保証し、教育と教育行政を知事の支配下におくための要石である。このシステムは、(a)知事による府立高等学校・特別支援学校の「実現すべき目標」の設定、(b)府教委による「具体的な教育内容を盛り込んだ指針」の作成と府立学校への指示、(c)校長による「学校の具体的・定量的な目標」の設定と目標達成義務、(d)教職員の目標達成への貢献義務、(e)評価と罷免・懲戒・分限から組み合わせた人事システムによって構成されている。また、教職員の人事管理と府立高校の統廃合及びそれに伴う教職員のリストラ促進のため、分限免職処分を多用しようとする特質が認められる。

要するに、橋下氏らの狙いは知事による教育と教育行政の権力的統治を可能にするシステムづくりにあり、教育基本条例案はそれを推し進めるエンジンと言えよう。

3　維新・府教委の合作による条例案

条例案が公表されると、さまざまな批判が湧き起こった。高校統廃合やD評価免職については見解が分かれるとしても、知事が設定した教育目標によって教育委員会や学校を管理統制する条項が現行法制に違反することは明々白々だったが、維新の会は一一月二七日のダブル選挙で勝てば、直ちに可決成立させる構えを見せていた。しかし、政府・文科省の反応は鈍く、一二月一六日になってようやく「教育目標の設定は、地方教育行政法で定められた場合を除き、教育委員会の職務権限に属するもので、首長にその職務権限はない」との答弁書を閣議決定した。松井知事と橋下市長はこれに反発し、「条例案が法律違反と言うなら国の法律を改正すればいい」などと発言したと伝えられている。

しかし、橋下氏はこの間も府教委と水面下の駆け引きを続けており、府教委に対案の提出を求めていた。府教委は発表当初から教育基本条例案に反対し、一〇月二五日には可決成立すれば総辞職するとまで表明していた。ところが、ダブル選挙後は総辞職か修正協議かの決断を迫られ、結局一二月上旬以降「国の法令に違反しない条例案」づくりに入った。(7)

府教委事務局は、「法律の枠内で整理し、これまでの教育委員の発言してきた枠組みを踏まえた案」の骨子を未公開文書にまとめ、一二月六日頃までに教育委員の了承を取り付けた。その後、事務局はこれに沿って教育行政基本条例案と府立学校条例案を作成し（以下、これらを「府教委案」という）、二〇一二年一月二〇日開催の府教委一月定例会議で「報告事項一」として報告している。

このあと、府教委案は、一月三〇日開催の第四回府市統合本部会議に提出されたが、教育行政基本条例案には、原英史氏（特別顧問）の修正意見「教育関係条例案（府）の論点」（二〇一二年一月二五日付）に基づく修正が加えられていた。修正箇所は二カ所で、(a)教育振興基本計画案の策定主体に関する文言の修正と、(b)教育委員の罷免に関する条項の追加だった。本章では(a)に注目する。

府教委案では、「知事は、委員会と共同して、基本計画の案を作成するものとする」（教育行政基本条例案第四条①）として、基本計画案の作成主体が曖昧にされていた。教育基本条例案で知事が教育目標を定めるとしたことに対抗して、教育・教育行政への知事の介入を抑えられると考えたのだろう。しかし、府市統合本部は「共同して」を「協議して」に修正することで、知事に教育振興基本計画案の作成権を与え、府教委をその相談役程度の地位に格下げしてしまった。たった二文字の修正で、府教委の狙いは吹き飛んでしまったのである。

府教委案をベースに作成された教育行政基本条例案と府立学校条例案によって、大阪府の教育・教育行政制度はどのようになるか整理しておこう。

教育行政基本条例は教育振興基本計画について、「知事は、委員会と協議して、基本計画の案を作成」し（第四条①）、「府議会の議決」（同条②）ののち、「遅滞なく基本計画を公表」する（同条⑤）と定めている。基本計画では、「大阪の教育の振興に関する基本的な目標及び施策の大綱」と「大阪の教育の振興に関する施策を総合的かつ計画的に推進するために必要な事項」を定め（同条③）、府教委には(a)「目標」の達成状況に関する自己評価（第六条①）、(b)基本計画に基づく「市町村に共通する教育の基本方針」の策定と指導助言援助が義務づけられる（第七条②）。さらに、(c)個々の教育委員にも目標達成に関わる自己点検評価が義務づけられ（第六条②）、その結果に基づく罷免（同条⑤）が規定されている。

府立学校条例には、(d)府教委が「府立学校に共通してその運営の指針となるべき事項」を定め、府立学校に対して「指針」に基づいて「学校の運営を行うよう指示する」とし（第五条）、(e)校長は基本計画と「指針」を踏まえ、また「学校協議会」の意見を聴いて「経営の視点を取り入れた運営の計画」（学校経営計画）を定めるよう義務づけている（第六条①③）。(f)「学校運営計画」には「学校の教育目標」及び「教育目標を達成するための取組方策」などを書き込み（同条②）、(g)「学校経営計画」に定める「教育目標の達成状況」について学校評価を行うよう義務づけている（第一〇条）。

これは徹底した目標管理システムであり、維新の会が作成した教育基本条例案とほとんど変わるところがない。「知事による目標設定」というあからさまな暴力を「教育振興基本計画」という衣で包んだことでいくらかスマートに見えるとしても、政治による教育・教育行政の権力的支配を規制することにはまったく貢献していない。それどころか、府教委が「市町村に共通する教育の基本方針を定め」るという規定は、維新の会が作った教育基本条例にさえなかったもので、教育の地方自治原理を逸脱した暴挙と言わなければならない。

府教委の主観的意図はともかく、教育行政基本条例と府立学校条例は維新の会と府教委の合作でつくられた条例案と言うほかないだろう。この条例案が成立すれば、教育行政における知事の権限が強化され、府立学校・市町村教育委員会・市町村立小中学校に対する知事の実効的な権力が大幅に強化されることになる。維新の会の衆院選向け公約集「維新八策」に書かれた教育委員会制度廃止を実質的に先取りすることになるだろう。

4　府教委は何を守ろうとしたのか

繰り返して言うが、一月三〇日、府市統合本部に提出された教育行政基本条例案と府立学校条例案のベースは府教委が起草したものである。同本部が施した修正は教育行政基本条例案への上記二カ所だけである。府立学校条例案には府教委案の実質を変更する修正はなかった。府市統合本部による修正は、府教委を知事に従属させることを意図したものだ。つまり、維新の会と府教委は、府立学校と市町村教育委員会、そして市町村立小中学校を目標管理するという狙いを共有している。教育行政の本旨（教育の自主性尊重と教育条件整備）をわきまえず「教育の自主性」侵害と「教育の地方自治」否定に向かうという点では、府教委と維新の会の間には本質的な違いはないということになる。

では、府教委は何に抵抗し、何を守ろうとしてきたのか。結局のところ、彼らは教育行政における自らのイニシアティブを脅かす知事の介入に抵抗し、学校・教職員や市町村教委に対する自らの支配体制を擁護しようとしただけだったのではないか。とすれば、この姿勢を改めないかぎり、府教委は「教育行政は民意から乖離している」との批判に有効に反論することはできず、「教育行政の一般行政からの独立」を確保し（教育委員会制度の擁護）、政治家の「不当な支配」から教育の自主性・自律性を守り抜くことは望むべくもない。

府教委は付和雷同の末、共犯関係に立たされてしまった哀れな従犯のように見えるかもしれない。しかし、二〇一一年一二月以降の動きに照らして言えば、府教委はそれ以前の時期を含めて、少なくとも教育の目標管理強化について維新の会から独立して主犯的役割を果たしてきたと言わざるをえない。教育基本条例案に関する議論では「政治による教育・教育行政の支配」にだけスポットライトが当てられがちだが、それだけでなく「教育行政による教育支配」にも目を向けなければならないことがますます鮮明になったのではないか。

5　教育目標の管理と教育振興基本計画

『朝日新聞』(二〇一二年二月一七日)は、都道府県知事及び政令市市長へのアンケート調査の結果として、首長が教育目標を設定することに六知事三市長が賛同していると報じた。尋ねる側も答える側も大阪府の動きが念頭にあるはずで、これにどう反応するかは今や政治家としての浮沈に直結しかねない。今後、教育行政基本条例案・府立学校条例案・職員条例案を模倣する政治家が登場する可能性も否定できない。その際、教育委員会の存廃とともに、あるいはそれに先行して、教育振興基本計画を根拠に学校の教育目標を管理したり、目標に照らして学校や教職員を管理したりすることの可否及び適否が重要な争点の一つになるだろう。

そこで、教育基本法に定める教育振興基本計画を学校の目標管理システムとして運用することは同法の予定するところではなく、教育振興基本計画に教育実践拘束的な目標を書き込んだり、教育振興基本計画を根拠に教育現場に対して達成目標を設定させその実現を強要したりすることは違法であることを確認しておきたいと思う。

教育振興基本計画の根拠規定は、教育基本法第一七条である。同条は「政府は、教育の振興に関する施策の総合的かつ計画的な推進を図るため、教育の振興に関する施策についての基本的な方針及び講ずべき施策その他必要な事項について、基本的な計画を定め（以下略）」とし、地方公共団体には「前項の計画を参酌し、その地域の実情に応じ、当該地方公共団体における教育の振興のための施策に関する基本的な計画を定める」努力義務を課している。

ここで重要なことは、日本国憲法に立脚して教育基本法を解釈すれば、教育振興基本計画は「教育の振興」すなわち教育条件整備に関する基本方針と関連施策を体系的に整理した文書（行政計画）であって、教育目標＝教育機関が達成すべき目標を定めるものではないということだ。したがって、政府や地方公共団体が教育条件整備上の達成目標を明示することは当然としても、学校が達成すべき教育目標を書き込んでその実現を強制したり、その達成状況によって学校や教職員を評価・管理したりする目的で教育振興基本計画を策定することは、教育基本法第一七条の趣旨に反する誤った運用であると解釈すべきであろう。実際、国の第一期教育振興基本計画には学校などの教育機関が達成すべき具体的な教育目標に関する記述は一切見られず、政府として実現しようとする教育条件整備の目標が例示的に列挙されているだけである。

他方、福島・茨城・石川・愛知・静岡・京都・三重・鳥取・広島・長崎・鹿児島・沖縄の一二府県は教育振興基本計画に府県として達成したい教育目標を掲げており、そのなかにはいわゆる数値目標も見られる。(9) しかし、これらはいずれも個々の市町村や学校が達成すべき教育目標として書かれているわけではないし、それらを基準に学校や教職員を管理するものとは位置づけられていない。このような数値目標を達成すべき教育目標として掲げること自体その見識が問われるべきではあるが、単なる努力目標の抽象的目安として非拘束的に掲げられているかぎりは違法とまでは言えないかもしれない。しかし、大阪府の教育行政基本条例案や府立学校条例案のように、教育振興基本計画を市町村・学校・教職員の管理手段に用いたり、教育実践拘束性をもつ教育目標として運用したりすることはもはや違法と判断せざるをえない。

教育行政基本条例案と府立学校条例案の特異性は、(1)知事が教育振興基本計画案を策定すること、(2)教育振興基本計画に基づいて府教委が市町村及び府立学校を目標管理すること、(3)この教育目標の達成状況によって教育委員会・学校・校長・教職員の評価・制裁を予定していることにある。教育振興基本計画をこのような手段として利用することは、教育基本法違反と判断しなければならない。

6　熱狂と独裁を克服するために――教育自治という視点

橋下氏らには、公権力が立ち入ってはならない領域が存在し、その領域では国民各自の自由な活動や自律的に形成される自治が保障されなければならないという認識がひどく欠落しているのではないか。

公教育制度はその物質的基盤を国や地方公共団体が整備拡充することによって成り立っており、その限りで教育委員会や首長の役割は大きい。このことは、国及び地方公共団体の教育条件整備義務として法的にも確認されている。しかし、だからといって、時の政権や権力者が自らの政治的野心を実現するために公教育をほしいままにして良いことにはならない。学習・教育は国民各自の人格形成に深く関わる人間活動であり、学習者とそれを支える教育者による自律的な活動が保障されるべきで、それを成り立たせるための条件整備を除いては公権力が介入すべき事柄ではないのだ。戦後初期には、立法・司法・行政の三権から独立した「教育権」を確立すべきだとの議論さえあった。公教育に関わる事柄を政治や一般行政には委ねるべきでないと考えられてきたのだ。この構想の具体化は国政レベルでは不徹底に終わったが、地方公共団体については首長が担当する一般行政から独立した教育行政＝教育委員会制度として確立されている。維新の会が教育・教育行政関係者を攻撃するのは、この原理と制度を突き崩す意図と密接に結びついている。

今、大阪府民に限らず多くの国民が、公教育制度や教育行政からの疎外感を感じ、教育・教育行政に対する自らの願いを「政治」が受け止め代弁してくれるなら、それに託してみようという気持ちをもち始めている。しかし、「選挙で選出された政治家が民意を代表する」という論理を、本来政治が立ち入るべきでない領域にまで無前提・無限定に適用すれば、「政治」の教育・教育行政への支配介入を正当化してしまいかねない。他方、府教委は大阪府における教育の目標管理システムの頂点に自らを位置づけることで、現状の温存、教育委員会制度の存続を図った。しかし、形式を温存したところで、大阪府民の願いや不満に応えたことにはならない。独裁を肯定する政治家の力に頼るのではなく、もちろん現状温存でもない、学習と教育の当事者の自律的な空間または関係性を構築することが必要である。そのため、教育学は「教育自治」論の復興という課題を引き受けなければならないと思う[10]。

維新の会あるいは橋下徹氏が、民主主義社会における公権力とその行使について、また人間というものについてたいへんな考え違いをしていることは明らかだ。彼らは「国民は選挙で選ばれた政治家に公権力の行使を白紙委任し、政治家は決断と実行の独裁者であるべきだ」との主張を繰り返し、これが民主主義だと断定する。しかし、それは本来ファシズムと呼ぶべきものではないのか。

国民の熱狂はしばしば政治家を独裁者に押し上げてしまうが、熱狂と独裁の下では社会全体から冷静な判断力と自律的な責任感が失われていく。熱狂は滅びへの回廊を用意することを歴史から学ばなければならない。

今ならまだ引き返せるところに私たちは立っているのではないか。

注

（1）維新の会は一〇月五日に訂正版を提出した。これは小幅なケアレス・ミスの訂正であり、九月二一日提出案に実質的な修正を加えたものではない。ただし、一〇月五日案にもケアレスながら重大なミスが依然として残っている。

（2）比較的入手しやすいものとしては、市川昭午『維新の会「教育基本条例」何が問題か？』（教育開発研究所）。ただし、現在の教育委員会制度が民意を充分に反映しているという見解には同意できない。また、池田知隆『どうなる！　大阪の教育――橋下・教育基本条例案を考える』（フォーラムA）、内野正幸「大阪府教育基本条例案を法的に批判するために」『季刊教育法』第一七一号（エイデル研究所）。

（3）詳細は拙稿「政治主導の教育行政と教育への支配介入――大阪府教育基本条例案批判」『季刊教育法』第一七一号（エイデル研究所）。この小論では、府立高校の統廃合問題や私立高校を含む授業料不徴収のトラップにも言及した。また、インタビューをまとめた「『大阪府教育基本条例案』と教育改革の論点」『住民と自治』二〇一二年三月号及び「大阪府教育基本条例を読み解く」『Fonte』三三二号（二〇一二年二月一五日）も参照されたい。

（4）紙幅の制約上、本論では(a)知事主導の教育振興基本計画策定と、(b)それに基づく府立学校と市町村教委に対する教育目標の問題を主たる検討対象とするが、他に(c)高校の校区制廃止、(d)高校統廃合、(e)指導力不足教員抽出のための「陶片追放」などを指摘しておきたい。なお、本論執筆時には職員条例の全貌は明らかにされておらず、教育行政基本条例と府立学校条例もさらに修正される可能性があるため、今後新たな問題が生まれるかもしれない。

（5）実際には、大阪市議会には九月三〇日提出、即日否決。堺市議会には一二月二日提出、一二月一五日否決。

（6）私の手元には、①維新の会事務局が「最終案」として八月一〇日に同会幹部に提出した八月九日案、②維新の会が「大阪府教育基本条例（素案）」としてマスコミ発表した八月二二日案、③「大阪府教育基本条例（素案九・一二）」との標題が付けられた九月一二日案、④維新の会所属議員を通じて大阪府議会に提出した九月二一日案、⑤九月二一日案の訂正版として大阪府議会に再提出した一〇月五日案がある。

（7）マスコミは、総辞職撤回と修正協議入りを一二月一七日付で報道しているが、府教委は遅くとも一二月五日までに方針転換を決意していたと思われる。
（8）維新の会が「経営」の語を「企業経営」の意味で用いるのは、「教育経営」「学校経営」の意味を知らないためであろうと一応理解できるとしても、府教委まで同じ誤用をしているとすれば、彼らの専門性を疑わざるをえない。
（9）たとえば、国立大学入学者数、全国学力・学習状況調査における平均正答率、読んだ本の冊数、朝食を食べて登校する児童生徒の割合など。
（10）鈴木英一・近藤正春・川口彰義編『教育と教育行政——教育自治の創造をめざして』（勁草書房、一九八四年）。
＊　教育振興基本計画の分析にあたっては、大橋基博教授（名古屋造形大学）から多くのデータとともに貴重な示唆いただいた。記して謝意を表する。

第二章　収奪と排除の教育改革
――大阪府における私立高校無償化の本質

1　使命を放棄した大阪府教育委員会

二〇一二年三月二三日、大阪府議会で、大阪維新の会のほか自民党と公明党の賛成で、教育関係三条例（教育行政基本条例、府立学校条例、職員条例）が可決成立した。これらには早くから違法の疑いが指摘されていたが、府議会は教育関係者や専門家等の意見を聴取することなく拙速に可決成立させてしまった。

大阪府教育委員会は教育基本条例案（教育行政基本条例案等の前身）には「成立したら総辞職する」とまで述べて反対していたが、今回は何の抵抗も見せなかった。むしろ、教育行政基本条例と府立学校条例は大阪府教委が原案を作成し、大阪府・市統合本部で修正されて府議会に提出されたものだ。教育委員の陰山英男氏は『内外教育』二〇一二年二月一四日号に橋下氏賛美の論説まで書いている。

私はかつて愛知県犬山市の教育委員を二期八年間務め、学び合いを基本とする学校づくり（習熟別ではない協同学習や教師総掛かりの自主教材づくりなど）に関わった。就任間もない頃、市長から学校選択制導入を打診されたが、教育長とともに粘り強く説得し市長に考えを変えていただいた。また、市長自身も、教育委員会廃止論を唱えていた提言・実践首長会に所属していたが、教育委員会の取り組みやその成果を踏まえて廃止論撤回に尽力した。犬山市といえば全国学力テスト不参加が知られていると思うが、この市長は教育委員会の不参加方針を信頼し、さまざまな政治的圧力から教育と教育行政の独立を守り抜いた。ここには、首長と教育委員会との緊張感をもった良好な関係があったと思う。

この市長の退任後、新市長は教育委員会に全国学力テストに参加するよう強要した。そのため、不参加を主張していた教育長が一時期「参加止むなし」を口にした。このとき、他の教育委員の間では、教育長を解任し新たな教育長を選任して不参加を貫く計画さえあった。教育委員が辞職を口にすることはなかった。教育委員それぞれが犬山市と日本の子どもたちの将来を展望し堅い信念をもって全国学力テスト不参加を決め、新市長に考えを改めさせることこそ教育委員の使命だと確信していたからである。

教育関係条例案に対する大阪府教委の対応は、結局のところ自らの保身でしかなかった。しかし、これで何が守られたのだろう。大阪府教委が政治家による組織的・系統的・制度的支配介入から教育と教育行政を守り抜こうとしなかったことは、日本の教育委員会制度への不信感を増大させた。教育委員会制度は、子ども・若者に希望ある未来を保障する制度的保障となる可能性を秘めているはずなのに。

2　小野田教授の「空っぽ」論

『内外教育』二〇一二年三月二三日号に掲載された大阪大学の小野田正利教授の論説を読んだ。小野田教授は、橋下氏は目標設定権を要求しているが、彼が「定めたい『教育目標』は空疎で陳腐なものだった」と言う。何がどう空疎だったと言うのか。

小野田教授によれば、橋下徹氏は一月九日のTV番組に出演し、キャスターから「橋下さんはどういう教育目標を掲げるんですか?」と問われ、あれこれはぐらかした揚げ句、「それは、生き抜く力を身につけさせる、それですよ」と答えた。キャスターが「それが大きな目標?」と聞き返すと、「そりゃそうです。国際社会でもこれから就職の競争が激しくなってくるので、ちゃんと国際社会でも競争力を持って、ちゃんと就職ができる、自立できる子どもにする。それから当たり前ですけど、この日本で、大阪でメシが食えるようにする。これがもう僕が掲げる目標です。そういう目標に従って、学校ごとに保護者と一緒になって、学校ごとに目標をつくってくださいよ、というのが僕らの条例の趣旨なんです（以下略）」と述べた。

小野田教授は「その程度の陳腐なものでしかないのか!」と感じ、「自分たちが全ての権限を掌握したいということだったのか！」と気付いたと言う。そして、「空っぽの『空虚な教育目標』の声高の主張だった」と切り捨てる。

しかし、上記のやり取りから、小野田教授が述べるような結論が得られるのだろうか。

(1)このインタビューで、橋下氏は視聴者に、教育目標は学校が保護者の意見を聴いて自由に決められるとの印象を与えることに成功している。しかし、君が代斉唱時に校長らが教職員の口の動きまでチェックしたことを賞賛した事実をあげるまでもなく、このままでは目標設定を通じた学校・教育への政治支配が強まることは明らかである。

(2)「この日本で、大阪でメシが食える」競争力を子どもたちにつけるという橋下氏の言葉を、小野田教授は「陳腐」だと切り捨てる。しかし、こういった言葉こそ、諸困難に直面する府民のメンタリティにフィットし、橋下「改革」への支持を引き出しているのではないか。『朝日新聞』の世論調査（二〇一二年二月一八～一九日）では、教育基本条例案への賛成五八パーセント、反対二六パーセント。府立高校の校区制廃止には六九パーセントが賛成し、二〇代・三〇代では八割近くが賛成していると言う。「陳腐」と言ったところで得るものは何もない。

(3)政治家個人とその個人が担う政治的役割とは区別しなければならない。橋下氏個人が政治を動かしているのではなく、この一人の人物を通して政治的・経済的個別利害が形を与えられ、一部の社会的・経済的権力が首長の地位にある人物に媒介されて公権力に変換されているのである。「空っぽ」と言うなら、そこにはどんな利害関係でも充填されうる余地と、それ故に生まれる危うさがある。

ただ、「空っぽ」に見えるのには理由がある。橋下氏はいつも決然たる態度で政策を主張するが、それらはしばしば自らのほんの少し前の政策とさえ正反対のものだったり、同じ時期の同じ領域の政策の中にも相矛盾するように見えるものが並走していたりしている。さらに、小中学校での留年（原級留置）を検討するよう教育委員会に指示したと伝えられるが、これに至っては、尾木直樹氏の発言、「（小中学校でも）留年させても府民の子供の力をつけてもらう、というのを橋下さんが出して来たら僕は大喝采します。」（『読売新聞』二〇一二年二月二〇日）を逆手に取った橋下氏の切り返しの域を出ないのかもしれない。しかし、そんなものさえ政治的意味と現実的力をもってしまう。

ここには真実、矛盾があるのか、実相を捉え切れていないだけなのか。その場しのぎの出任せなのか、周到な計略なのか。私にはまだ分からない。ただ、はっきりしているのは、相矛盾するように見える政策の混合物（かもしれないもの）が、ただ混じり合っているだけではなく実に複雑な化合物として強力な力を発揮し、橋下氏への大きな支持を引き出すことに貢献していることだ。「空っぽ」に見えるものにこそ、橋下氏の強さの源泉が秘められているのではないか。とすれば、ここを徹底的に分析することで対抗戦略が見出されるはずだ。

3　私立高校無償化を手掛かりに

大阪府では二〇一〇年度、世帯年収三五〇万円未満の世帯に対し、私立高校の授業料が無償になった。二〇一一年度からは、無償枠が世帯年収六一〇万円未満の世帯にまで拡大されたほか、六一〇万円以上八〇〇万円未満の世帯についても保護者負担は一〇万円になった。私立学校関係者の中には、授業料の公私間格差の解消は高く評価すべきだという声もある。

たしかに、高校授業料の公私間格差解消は、日本の教育制度にとって最重要課題の一つだ。日本の私立高校は公立高校だけでは収容しきれない進学要求を受け入れ、高校教育を支えてきた。「私立高校＝セレブの学校」という等式は必ずしも成り立たない。親が低所得などの自分ではどうしようもない事情から学力不振となり、公立高校を諦めて私立高校進学を選択する若者は少なくない。私立高校の多くが量的にも質的にも公立高校を補完してきたのは事実だ。この意味で、私立学校への経常費補助（私学助成）を充実させ、授業料の公私間格差を解消することには相応かつ正当な理由がある。

では、橋下氏はこういった要請に応えるべく私立高校無償化に踏み切ったのだろうか。大阪府の「施策集」（『将来ビジョン・大阪』（二〇一〇年八月策定）に基づく施策のカタログ）には、「私立高校生等授業料支援補助事業」の項がある。そこには、私立高校等の「生徒に係る修学上の経済的負担の軽減を図る。特に『教育の機会均等』の観点から一五歳の進路選択の機会を提供するため、二三年度新一年生から、授業料無償化の対象を中間所得層まで拡充する」と記されている。ここでは無償化が「教育の機会均等」原理にたって説明されているが、これを鵜呑みにするわけにはいかない。

このあと詳しく検討するように、橋下氏の府知事在任中、大阪府の高校政策は大きな振幅で、しかもきわめて短い波長で揺れ動いた。橋下氏は「教育の機会均等」を追求してきたのではなく、むしろその逆だった。

4　私立高校生への攻撃と、私学敵視

授業料負担の重さ・苦しさを訴える私立高校生に、橋下氏が「なぜ公立を選ばなかったのか」などと罵詈雑言を浴びせたシーンは多くの人々の記憶に沈着しているはずだ。私学助成削減をめぐる知事との意見交換会（二〇〇八年一〇月一三日）でのハプニングであった。この年の二月に知事に就任した橋下氏は、二〇〇八年度から私立高等学校等経常費補助（以下「私学助成」）の補助単価切り下げを断行した。

私学助成は各都道府県から学校法人に交付されるが、国は(a)私学助成の標準額を定め、(b)それに見合うお金を都道府県に交付している。国はこの仕組みを通じて私学助成に関するナショナ

ル・ミニマムを、きわめて不十分な水準ながら、確保しようとしてきた。また、各都道府県はこれに独自に上乗せをしてきた。ところが、大阪府では横山・太田知事時代から私学助成を削減し続け、橋下氏就任時には大阪府の補助単価は国の標準額と同額にまで、つまりもうこれ以上は引き下げられない限界まで減額されていた。

にもかかわらず、橋下氏は財政再建を理由に、府の補助単価を国の標準額以下に引き下げてしまった。引き下げ幅は、従来の補助単価（国標準額（国補助単価＋交付税単価）と標準教育費（公立一人あたり経費）の二分の一のいずれか低い方）のマイナス一〇パーセントとされた。二〇一一年度の場合、国の標準額三〇万八八〇五円に対して、大阪府の補助単価は二七万七九二四円であった（なお、私立小中学校の補助単価は当初マイナス二五パーセントとされたが、二〇一一年度には中学校マイナス三五パーセント、小学校マイナス五〇パーセントに変更された）。

私学助成の補助単価の引下げは、私立高校の収入減にほぼ直結する。このため、教育条件の低下と引き換えに支出を抑えるか、授業料の値上げで収入増をはかるほかない。前者をとれば私立高校の教育・学習条件の低下を招き、後者は保護者の授業料負担を増大させる。大阪府では約半数の五〇校が二〇〇九年度の新入生から授業料を引き上げ、二四校が二〇一〇年度の授業料を引き上げた。

大阪府のコスト・カットのターゲットは私学助成だけではなかった。橋下氏は低中所得層支援を目的とする「私立高等学校等授業料軽減助成」（以下「授業料軽減助成」）の削減にも手を付けている。

大阪府では二〇〇八年度まで、私立高校生をもつ保護者を支援するため、世帯年収八〇〇万円以下（課税総所得三六七万五千円以下）の世帯を対象に、年収に応じて助成金を給付していた。ところが、大阪府は二〇〇九年度から、生活保護世帯と世帯年収四三〇万円以下の世帯に対する助成金は据え置いたものの、四三〇万円超六八〇万円以下の世帯については助成金を引き下げ、六八〇万円超八〇〇万円以下の世帯への助成は打ち切ってしまった。私学助成の削減と授業料軽減措置の縮小のダブル・パンチは、低中所得層を中心に私立高校生たちの「教育を受ける権利」をひどく侵害し、保護者たちに大きな経済的負担を強いるものだった。

この時期、橋下氏は家庭の経済事情が厳しい生徒が授業料の安い公立高校に進学しやすくするためとして、二〇一〇年度から公立高校の入学定員を一〇〇〇人増員するとの方針を表明している。これを受けて、大阪府教委は二〇〇九年一一月二〇日、二〇一〇年度の募集人員（全日制と高専、多部制単位制一・二部）を前年度比三四四〇人増の四万八六四〇人とすると決めた。この時期の橋下氏は私学を高コスト（私学助成、授業料軽減助成）のお荷物と考え、府立での安上がりな高校教育を目指していたのではないか。

5　私学無償化と、高校生全体への攻撃

「コンクリートから人へ」を主張した民主党政権が誕生し、二〇一〇年度から公立高校の授業料実質無償化と私立高校生への就学支援に踏み切ると、橋下氏は上記の授業料軽減助成制度を組み替えて授業料支援補助金制度をスタートさせた。これは、私立高校生の保護者にその年収に応じた支援補助金を給付することで、国の就学支援と合わせると世帯年収三五〇万円未満の世帯は授業料が実質的に無償になった。また、五〇〇万円未満の世帯は従来よりも負担が軽減された。さらに、二〇一一年度以降は、無償化の対象が世帯年収六一〇万円未満まで拡大され、六一〇万円以上八〇〇万円未満の世帯の負担も一〇万円に抑えられることになった。このために、二〇〇八年度の授業料軽減助成事業の予算は六八億円余りだったが、二〇一一年度は二六二億円以上に拡大している。

この結果、二〇一一年四月の入試の結果、私立高校進学者は前年比で三〇〇〇人増加した一方、四一校の公立高校（全日制）が定員割れを起こした。その中には、定員充足率が六〇パーセントを切るものもあった。橋下氏は、これは授業料支援補助金制度による授業料無償化・軽減措置の効果であり、自由な学校選択が保障されたと自画自賛するとともに、府立高校に対する攻撃を強めた。その顕著な例は、(a)私立高校に対する入学定員増員の要請、(b)三年連続定員割れの府立高

校の統廃合、(c)統廃合逃れのための定員削減の禁止に見ることができる。(b)と(c)は先日成立した府立学校条例の最重点条項の一つである。

この背後には、「定員割れは選択されない学校の証しだから統廃合してよい」といった考えがあるのだろう。しかし、府立高校の定員充足率とその高校の所在地や入試の偏差値との関係を調べてみると、(1)定員充足率の低い高校は偏差値が低く、また(2)困難を抱える地域またはそれに隣接した地域に所在している。他方、(3)偏差値が低くても定員を充足している高校の近隣には通学可能な高校が少ない（過去の統廃合の「成果」）といった傾向が見られる。このことから、(a)定員割れの背景にはその学校や教職員の責めに帰せられない要因があること、(b)定員割れを理由に統廃合を進めればすでに困難に直面している若者たちにさらに負担を強いかねないことが分かる。府立学校への攻撃の内実は、そこに学ぶ若者たちへの攻撃にほかならない。

では、私立高校生はどうだろう。授業料は無償化または軽減されたが、私学助成の単価は引き下げられたままである。家計から支払うお金は減ったが、私立高校が教育のために使えるお金も減っている。大阪府が定めた私立高校の標準授業料（二〇一一～二〇一五年度）は年間五八万円だが、各校が定めた授業料を見ると五八万円以下のものも少なくない。世帯年収八〇〇万円以上には大阪府の補助がないことを考えれば、授業料を安易に引き上げることもできまい。私学助成を抑制したままでは、文字どおり「安かろう悪かろう」の教育になりかねない。

しかも、大阪府は二〇一一年度から、私学助成をパーヘッド（生徒の頭割り）で配分すると決めた。「私私間の切磋琢磨を促すため」、助成額は補助単価に生徒数をかけて決めると言う。助成額は従来、さまざまな要素を勘案して決めていたため、生徒一人あたりの助成額には開きがあった。大阪府は頭割りにすることで「格差」を解消するという。このため、私学助成が激減してしまう私立高校もある。校長・教職員に定員を超えて入学させるよう求めた私学経営者もいたという。

一連の政策は、(a)授業料支援補助金による公私間の競争条件の同一化と競争の促進、(b)私学助成のパーヘッド配分による私私間競争の促進、(c)敗者の退場（公立学校の統廃合、私立学校の廃校）による公教育費の削減を意図したものだろう。

しかし、橋下氏らが促進しようとする競争ルールはきわめて単純で、生徒をたくさん集めた高校を勝者と見なす、これだけである。新自由主義改革は、社会諸制度それぞれに固有な原理やそれらに内在する複雑な事情に精通していない政治家や一部の官僚が、現場で働く人々を単純かつ単一の論理で一元的に制御するシステムを構築しようとする試みを内包している。専門家やその意見を退ける一方、「数値」（数値目標、数値による評価）が重用されるのはこのためであろう。もちろん、その過程で尊重すべき原理や配慮すべき事情とともに、最も大切にされるべき価値＝人間が脱落してしまう。

6　無償化・軽減措置の本質

大阪府は「高校等の授業料無償化の拡大【詳細資料】――生徒が自らの希望や能力によって自由に学校選択できる機会を提供――」（二〇一一年三月改訂）との資料を作成し公表している。この文書には「高校等の授業料無償化の拡大」の「検証・見直し」に関する基本方針が記されている。当面五年間はこの制度を継続させるが、毎年効果を検証し就学支援指定校の要件や標準授業料の額のほか、制度自体の存廃についても見直すとしている。

検証・見直しの指標は第一に「私立高校の専願率」である。授業料支援補助による「自由な学校選択の拡大により、経済的理由による不本意進学が減少し、現状よりも私立高校の専願率の上昇が見込まれる」が、もし「公立から私立への流動化」（＝私立高校専願率の上昇）が期待どおりに進まなければ、支援の対象拡大または支援額増額か、この制度の廃止を検討するとする。そして、二〇一一年二月における専願率は二七・〇二パーセントであったとして、二〇一二年の入試で専願率が二五パーセントを下回った場合は二〇一三年度の新入生から制度の見直しを図るとのルールを例示している。

第二の指標として、授業料支援補助制度への「参加校率」（全私立高校に対する就学支援指定校の割合）があげられている。「標準授業料五八万円では負担が大きいために参加校が減」り「一定割合を下回った場合、『自由な学校選択』や『切磋琢磨による教育力向上』が期待できない」ため、標準授業料の引上げまたは支援補助制度自体の廃止を検討するとしている。第二の指標については、全日制私立高校（九六校）の参加校が六割を下回った場合、制度を見直すとのルールを例示している。

しかし、これら以上に注目すべきは、国の支援制度が変更された場合について、目立たないように、またやや難解な言葉を重ねて次のように記していることである。

・本制度の変更・見直しを行わざるをえない場合には、「中低所得層を対象に公私間の授業料の面での条件をほぼ同一にする」という本制度の趣旨を尊重することを基本とする。

・その際、「国公立高校生の授業料無償化（不徴収）」制限が外れた場合、後期中等教育の条件整備の役割を担う知事として、経営資源の効果的な配分を行うため、府立高校については、私立高校における授業料負担とのバランスに配慮しながら、応能負担の考え方などを含め授業料水準の設定を行うことも検討すべきと考える。

注意深い読者は気付かれたことだろう。制度の趣旨が「教育の機会均等」から、公私間の授業料格差解消すなわち「競争条件の均等化」に置き換えられている。「教育の機会均等」を大上段に構えて見せてはみたものの、大阪府単独ででも授業料の無償化・軽減措置を維持する意思はさらさらない。国の授業料支援がなくなり、公立高校でも授業料徴収が可能になったときは、(a)競争条件の均等化を第一義的目的とし、(b)府立高校の授業料を私立高校並みに引き上げるというのである。大阪府の無償化・軽減措置の内実は、「授業料格差の解消による公私間の競争条件の均等化」とでも呼ぶべきものなのである。

ここで、とんでもない転倒が起きている。府民の多くは公教育の目的は子ども・若者の幸福にあり、公私に関わらず学校には充分な力を発揮してもらいたいと考えているだろう。しかし、授業料支援補助金制度の下では、子ども・若者は公私間競争及び私私間競争における勝者を判定するための「数値」でしかない。子ども・若者が社会や学校でどう処遇され、どのような教育・学習を保障されるかは問われていない。もしそうではないと言うのなら、多くの若者から高校教育を受ける機会を奪い、あるいは教育・学習の質を低下させかねない政策を軽々に持ち出すことはできないはずである。

7　選択と集中、そして収奪と排除

このように考えてみると、大阪で起きていることは「選択と集中」及び「収奪と排除」というキーワードで捉えられると思う。

大阪府では財政再建を理由に府立高校にも私立高校にも財政削減がかけられているが、入学者が多い高校にはそれなりにお金が投入され、いわゆる「がんばる学校」には報賞的予算配分もある。「がんばれば生き残れる」「敗者はがんばらなかった奴だ」という図式が強化される。しかし、その原資は私学助成の削減、教職員の非正規化、学校統廃合によって府民から収奪してきたものだ。「収奪」は「選択と集中」と裏腹の関係にある。でも、皆が「がんばれば取り返せる」との考えに誘導され、ポピュリズム的政策によって差し当たっては「自分は『集中』の側に置かれている」と信じ込まされている。維新の会の政策が大きくぶれる理由もここにある。

当然、収奪される一方の人々や地域がなければ（橋下氏・維新の会の地域再編構想は、周辺自治体に対する収奪構想、内国植民地化構想ではないか）、このシステムは成立しない。彼らには自己責任の自覚が求められるとともに、社会的排除の対象とされる。自分への「集中」を期待する人々は、収奪される一方の人々や地域の存在に目を閉じるか、「がんばらない奴が悪い」と切り捨て自分の視界から閉め出そうとして排除に加担してしまう。収奪と排除のシステムが作られるただ中で、人々は自分だけは「集中」の恩恵を受けられると思い込まされているのである。

橋下氏は生活保護世帯の児童生徒に学習塾に通うためのクーポン券（月額一万円）を支給するという。塾経営者からは「こんな金額では大したことはできない。別コースを作るほかない」との声が聞かれる。生活保護世帯やそれに近い状況にある世帯の子ども・若者のためにすべき支援は中途半端な学習塾代を支給することではないはずだ。

橋下氏は学力の低い児童生徒は留年させろと主張する。先の当てもなく留年させることは、子ども・若者の人生に大きなダメージしか与えない。これでは、学力の振るわない児童生徒は大阪市には住み続けられないではないか。学習塾クーポンは弱い立場の子どもへの支援のように見えて、結局のところ彼らを社会的に排除するための地ならしにすぎないのではないか。もう紙幅がないが、橋下氏の西成特区構想の本質は「収奪と社会的排除による地域再建」とでも言うべき内容で構成されていることを指摘しておきたい。

II　新自由主義改革のための教育委員会制度改革

第三章　教育委員会廃止論を問う
――首長主導型の教育改革がもたらすもの

1　中教審の教育委員会廃止答申

二〇一三年一二月一三日、文部科学大臣の諮問機関である中央教育審議会（以下、中教審）が、教育制度分科会の取りまとめた答申案「今後の教育行政の在り方について」を総会で採択し、下村博文文部科学大臣に提出した。この答申では、戦後六〇年以上続いた教育委員会制度を廃止し、都道府県知事や市町村長（以下、首長）が任命する教育長を地方教育行政の実施責任者とすることが提言された。

これまで教育委員会制度存置を主張してきた文部科学省・中教審にとって、このように答申することは苦渋の決断だったに違いない。中教審に審議を求めた下村文部科学大臣はかつて、自由民主党の教育再生実行本部の本部長として教育委員会制度廃止を内容とする「中間取りまとめ」（二〇一二年一一月二一日）を取りまとめ、さらに第二次安倍政権が設置した教育再生実行会議の一員として同趣旨の提言づくりにも加わっている（「教育委員会制度等の在り方について（第二次提言）」二〇一三年四月一五日）[1]。このため、下村文部科学大臣の諮問文は、教育委員会制度廃止に否定的な文部科学省及び中教審を意識して、中教審の審議を教育委員会制度廃止へ囲い込み、廃止以外の答申は受け付けないと言わんばかりのものだった。

したがって、今回の答申は教育行政学者である小川正人氏が座長を務める教育制度分科会において足かけ八カ月一七回の審議を重ねてまとめたものだが、その大枠は政治レベルですでに決定されていたと言わなければならない。各府省に審議機関が置かれているのは、行政の基本方針を政治的・行政的に決定する前に、その事柄について専門家・利害関係者・各界国民代表による審議を通じて政策決定等に公平性・専門性・透明性を確保する目的からである。審議に先立って政治レベルで答申内容を縛るのは本来の在り方ではない。

このように、中教審答申は現政権の意向を斟酌して取りまとめられたものであるため、政府は遠くない将来、地方教育行政の組織及び運営に関する法律（以下、地方教育行政法）の改正案を国会に提出するはずだ。直近の国政選挙である二〇一二年総選挙時の各党マニフェストを見ると、日本共産党と社会民主党だけが教育委員会制度の存置・改善を掲げ、他の政党は与野党の別なく教育委員会制度の廃止または抜本改革を公約としている。このため、教育委員会制度廃止を内容とする地方教育行政法改正案が提出されれば、あっという間に国会で可決成立してしまう可能性が高い。

では、なぜ廃止なのか。六〇年以上続いた地方教育行政制度を大きく変える理由はどこにあるのか。教育委員会廃止論の論拠には、教育委員会が果たすべき責任を果たしていないという機能不全論と、教育委員会が文部科学省による中央集権的教育行政の補完ルートになっているという中央統制補完論がある。いずれも教育委員会制度の現状のある局面を捉えたものだ。しかし、こういった理由で制度の廃止を論じ始めたら、廃止すべき地方行政機関は教育委員会以外にも幾つもあげられるのではないか。また、教育委員会の主体的・積極的な取り組みの事例を正当に評価し、その教訓を教育委員会制度の改善に繋げる努力を尽くそうとしないのはなぜか。

他方、教育委員会制度廃止＝首長主導の地方教育行政への転換は何をもたらすのか。中教審は、答申の中で、教育委員会制度は委員の合議に基づいて教育行政を行うため特定政党の利害に左右されない仕組みになっているが、地方教育行政が首長主導型に転換すれば「教育の政治的中立性、継続性・安定性」に懸念が生ずると指摘している。教育の政治的・宗教的中立性の確保は公教育制度において最も重視しなければならないことの一つだから、これは適切な指摘だ。

ところが、中教審は、首長の役割を「教育に関する大綱的な方針」の策定等に留めれば、この懸念が解消すると考えている。この考え方には同意しがたい。学校教育の方針や内容に関して法律上何の権限も与えられていない首長や議会が、政治的に偏った教育内容を押し付けたり、正当な教育内容を政治的に偏った理由で排斥したりした数多くの事例がある。首長や議会には学校の教育内容等を左右する権限が与えられていない今日でさえ、教育への政治的介入はあとを絶たないのだ。首長主導の教育行政が制度化されれば、教育の政治的中立性が揺らぐことは火を見るより明らかではないか。

理由にならない理由で教育委員会制度廃止を急がせる理由はどこにあるのか。教育委員会制度廃止の真の理由は、機能不全論や中央統制補完論とは別のところにあると考えるべきだろう。本章の後半では、このことについて私なりの答えを提出したいと思う。

2　教育委員会制度に代わる首長―教育長制

中教審が提言した（あるいは、提言させられた）新たな地方教育行政制度はいったいどのようなものか、整理しておかなければならない。ただ、答申は全体として歯切れが悪く、「言わされた」感の漂う文章である。また、中教審内部でも意見が分かれており、以下に紹介する改革案のほかにも「別案」が付記されている。

中教審は第一に、教育委員会を実質的に廃止し、首長が任命する教育長を実施責任者とする地方教育行政制度の創設を提言している。ここでは、これを首長―教育長制と呼ぶことにする。その理由は後で述べることにし、まず中教審答申に書かれた首長、教育長、教育委員会の新たな役割・権限と相互の関係を整理しておこう。

①首長の教育長任命権：教育長は首長の補助機関であり、首長が議会の同意を得て任命する。

②首長の教育委員任命権：教育委員会は「首長の特別な附属機関」であり、教育委員は首長が議会の同意を得て任命する。

③首長の大綱的方針策定権：首長は、教育委員会の議を経て、「教育に関する大綱的な方針」を定める。

④首長の補助機関としての教育長：教育長は「公立学校の管理等の教育に関する事務執行の責任者」として、「教育に関する大綱的な方針」に基づいて教育事務を執行する。

⑤首長の教育長への指示権：首長から教育長に対して「日常的な指示」は行わないが、教育長の事務執行が著しく適正を欠く場合や、児童生徒等の生命・身体を保護するため緊急に必要がある場合には、首長は教育長に対して「指示」を行うことができる。

⑥教育長罷免権：⑤の「指示」にもかかわらず事態が改善しないときは、首長は教育長を罷免できる。

⑦教育委員会の審議機関化：教育委員会は「首長の特別な附属機関」として、公立学校の管理等の教育に関する事項に関して、教育の在るべき姿や基本方針について審議する。

⑧教育委員会のチェック機能：教育委員会は、首長または教育長の教育事務の管理執行が「大綱的な方針」に反する場合には、必要な勧告を行うことができる。

⑨教育委員会の資料要求権：教育委員会は、首長または教育長に対して資料の提出や説明を求めることができる。

ここで注目しなければならないのは、答申では明言を避けているものの、中教審が提言する新しい地方教育行政制度においては、首長こそが地方公共団体における教育行政の執行機関＝最高責任者とされていることである。そのため、教育長は首長の補助機関として「教育に関する事務執行の責任者」とされ、教育委員会に至っては教育について審議する「特別な附属機関」[2]にまで格下げされる。そして、この地方教育行政制度における首長の主導性は、首長に与えられる教育長・教育委員任命権、「教育に関する大綱的な方針」策定権、教育長への指示権、教育長罷免権によって担保される。

これは首長が教育行政の基本政策を決定し、首長の命を受けた教育長が教育事務を執行する体制にほかならない。現在の教育委員会制度は、教育委員が首長によって任命されるものの、教育委員会は首長から独立した行政機関であり、地方教育行政の執行機関として主体的に教育の基本方針や重要事項を決定し、教育長の任命権・指揮監督権を有するものと位置づけられている。今回の答申は、地方教育行政の主体を教育委員会から教育長に変えるものだと誤解されているが、実際には首長主導型地方教育行政への転換を求めたものと見るべきだろう。本章で中教審が提言した地方教育行政制度を首長―教育長制と呼ぶ理由はここにある。

おそらくこういった批判がありうることを考慮して、中教審は、首長には教育長に対する「日常的な指示」は行わせないとしている。首長が地方教育行政に日常的に関与することがないようにし、教育長が執行責任者として地方教育行政を行う体制を作ろうと考えているのだろう。しかし、首長は「教育に関する大綱的な方針」の策定を通じて、教育長の日常的な職務遂行を指揮監督することになるのだから、教育長に対する「日常的な指示」はもともと必要ではないのだ。

首長による教育行政への関与を「大綱的な方針」か「日常的な指示」かで区別することはほとんど無意味だ。中教審は答申で、首長による教育内容への政治的介入が教育の政治的中立性を揺るがす可能性に懸念を表明している。もしも本当にそれを憂慮するなら、教育課程・教科書採択・生徒指導などいわゆる教育内的事項への首長の関与をシャットアウトすることに意を用いるべきだったのだ。

他方、教育委員会は首長の「特別な附属機関」として、地方公共団体における教育の在り方の基本的事項を審議するだけの機関に格下げされ、教育事務の管理執行に関する責任も権限も解除され、「地域の教育の在るべき姿や基本方針について審議するとともに、教育長による事務執行を住民目線による第三者的立場からチェックする」役割のみ与えられる。これにより、教育委員会はこれまで以上に地方教育行政から遠ざけられることになる。しかも、地域の教育について大所高所から審議する力量・見識を有する教育委員の確保や、教育長の事務執行をチェックするため必要となる新たな事務局体制にはほとんど言及していない。教育委員会が当事者として教育行政に関与する機会を制度的に剥奪する一方で、新たな役割を果たすために必要な人的・制度的条件は確保されそうにない。これでは、数年後には審議機関としての教育委員会に対して不要論が持ち上がるのではないか。

最後に、首長に与えられる教育長罷免権に言及しておこう。現在の地方教育行政法でも首長に教育委員罷免権を与えている。しかし、罷免事由は、①委員が心身の故障のため職務の遂行に堪えないと認める場合と、②委員に職務上の義務違反その他委員たるに適しない非行があると認める場合に限定され、首長と意見が異なることを理由に教育委員を罷免することはできない。これは、教育委員の身分を厳重に保証することで、首長が人事権をテコに教育・教育行政に介入するのを防ぐためである。中教審が提言する首長—教育長制においては、教育長の罷免事由が限定されておらず、身分保証が取り払われている。このため、教育長は職を賭してさえ、首長の不当な教育介入を押し返すことができなくなってしまう。

愛知県犬山市では、二〇〇七年度と二〇〇八年度、教育委員会の合議に基づいて全国学力・学習状況調査（以下、全国学力テスト）に参加しなかった。このとき、市長は教育委員会・教育長・事務局に対して全国学力テストに参加するよう迫り、教育委員の罷免も視野にいれていた。教育委員会は不参加方針を貫いたが、市長は最後まで教育委員を罷免できなかった。これは、教育委員会の独立行政機関性と教育委員に対する身分保証が、教育委員会の自主的・自律的な教育政策の遂行を保証した事例である。

3　文科大臣の権限強化

中教審は第二に、「児童、生徒の生命・身体や教育を受ける権利を守るために、国がしっかりと公教育の最終責任を果たせるようにすることが必要であり、その権限を明確にするための方策を検討する必要がある」と述べて、文部科学大臣の権限強化をはかる意思のあることを示した。しかし、教育行政における国、都道府県、市町村の役割分担と相互関係をどう変えるのか具体的な記述はなく、今後の検討課題とした。

文部科学大臣の権限強化については、教育再生実行会議は第二次提言で次のように記述しており、中教審に対する文部科学大臣の諮問文にもこれと同趣旨の記述がある。

「我が国の将来を担う子どもたちの教育について、最終的な責任は国にあり、ナショナル・スタンダードが維持され、責任ある教育が行われる（中略）必要があります。（中略）国、都道府県、市町村の役割を明確にするとともに、相互の権限や関係を見直す必要があります。」

「地方公共団体の教育行政が法令の規定に違反したり、子どもの生命・身体や教育を受ける権利が侵害されたりする場合には、最終的には、国が、是正・改善の指示等を行えるようにすることにより、その責任をしっかりと果たせるようにする。」

これは、地方公共団体に対して「是正・改善の指示等」を行う権限を文部科学大臣に与えるよう求めたものだ。しかし、教育再生実行会議や文部科学大臣が求める権限は、現在の地方教育行政法でも文部科学大臣に与えられている。是正要求権（第四九条）と是正指示権（第五〇条）がそれだ。とくに、この是正指示権は、地方公共団体の自治事務である教育事務の管理執行について、文部科学大臣が違法・不当と決めつけてその是正を指示できるというものだ。地方自治法に定める関与の原則を逸脱している疑いもある。[3] 文部科学大臣にはすでに他の大臣よりも強い権限が与えられているのに、これ以上強い権限を求めるとはいったいどういうことか。

ここで、簡単に、教育行政における国―都道府県―市町村の関係を整理しておこう。

まず確認しておかなければならないのは、公立学校の設置・管理や教科書採択などの教育事務は地方公共団体の自治事務であり、この管理執行に国や都道府県が干渉することは法律上許されない。文部科学大臣や都道府県教育委員会には、市町村教育委員会に対する指導・助言・援助が許されるのみとなるはずだった。

ところが、地方教育行政法にはかつて都道府県・市町村教育委員会に対する措置要求権[4]の定めがあり、いざとなれば文部大臣が地方教育行政に介入できる仕組みが同法制定（一九五六年）以来五〇年近く存在していた。措置要求権は、教育長任命承認制[5]などとともに、地方自治が保障されているはずの地方教育行政に中央集権的国家統制を持ち込んでいた。その後、措置要求権は地方分権改革一括法（一九九九年制定、二〇〇〇年四月施行）で一旦は廃止されたものの、二〇〇七年の地方教育行政法改正の際、是正要求権・是正指示権として復活して現在に至っている。

この経緯を見れば、文部科学大臣の権限をこれ以上強化することは無意味だし、地方自治法に定める国と地方の関係の原則に照らしても不可能と言わなければならない。文部科学大臣の権限をこれ以上強化すれば、公立小中学校の管理運営を含めて、教育をすべて国家管理するのと変わらない状況になってしまうだろう。先に述べた中教審の歯切れの悪さも、原因はここにあるのかもしれない。しかし、それならば、教育制度について重要事項を調査審議する組織として、大臣の諮問にノーを言うほどの矜恃《きょうじ》を示してほしかった。

ここまで、中教審の提言する教育委員会制度廃止＝教育行政の首長部局化と文部科学大臣の権限強化の問題点について、答申内在的に検討してきた。その結果、新しい地方教育行政制度は、首長の暴走を抑制する仕組みさえ組み込まれておらず、文部科学大臣の是正要求・是正指示に依存せざるを得ないというジレンマを内包するものだった。

この原因は、まずもって、首長に権限を集中させすぎることにある。戦後日本の国及び地方公共団体の政治・行政制度には幾重もの権力分立制（三権分立、地方自治、独立行政委員会など）が組み込まれ、権力の集中と暴走が未然に防止できるように配慮されている。教育委員会制度もその一つで、教育の地方自治と地方公共団体内部での首長からの独立という二重の権力分立を担っている。また、そうすることで、教育の自主性・自律性を尊重し、教育条件整備に徹する地方教育行政を実現しようとしたのである。今日では教育委員会の機能不全がことさら強調され、教育委員会制度に託された教育と教育行政の民主化という未完の課題にほとんど関心が向けられていない。教育委員会制度創設の理念を再確認することが必要ではないだろうか。

4 首長主導の新自由主義的自治体構造改革

最後に、二〇〇〇年前後から、教育委員会制度廃止＝教育行政の首長部局化を求める主張が政府内部から聞かれるようになったことに着目して、教育委員会制度廃止の真の意味または目的について考えておきたい。

教育委員会制度廃止論の出自の一つは地方分権改革である。地方分権改革推進の立場からは、今後の地方行政あるいは自治体経営の在り方として、地方公共団体における首長の権限を強化することで首長の政治的・行政的リーダーシップを確立し、首長による自治体総合行政の推進が必要だと主張されている。中央政府に依存することなく自主的・自律的に自治体経営を行うためには、首長が当該地方公共団体の行政を一元的に掌握し、政治的リーダーシップを発揮できるようにする必要があるということだ。そのため、首長から独立して所掌事務を自律的に管理執行する独立行政委員会の存在が邪魔になり始めたのだ。地方公共団体に置かれた独立行政委員会には選挙管理委員会や公安委員会があるが、廃止論は教育委員会に集中している。(6)

教育委員会廃止論は規制改革を推進する立場からも主張されてきた。規制改革・民間開放推進会議は「規制改革・民間開放の推進のための重点検討事項に関する中間答申」(二〇〇六年七月三一日）で、「教育委員会は、必ずしも学習者の利益を代弁しておらず、むしろ各地方公共団体に画一的に設置されているため国の指導助言等に基づく上意下達のシステムとして機能しがちである。」「首長から独立した執行機関である教育委員会の必置規制を撤廃し、首長の責任の下で教育行政を行うことを地方公共団体が選択できるようにする」ことを求め、教育委員会制度廃止と教育行政の首長部局化を提言している。小泉政権時代の「骨太の方針二〇〇六」（経済財政諮問会議「経済財政運営と構造改革に関する基本方針二〇〇六」二〇〇六年七月七日）における教育委員会の抜本改革方針はこれらを受ける形で閣議決定されたものだった。

地方分権改革と規制改革は、日本における新自由主義的国家改造を推進する両輪であり、地方公共団体の公共サービスのスリム化（縮小・廃止・給付水準の引き下げ）と、集中と選択による「効率的」な財政構造への転換を、地方公共団体自身の手で行わせようとするものだった(7)。その際、規制改革を通じて国がナショナル・ミニマムとしての公共サービスの水準を引き下げることで、地方公共団体がそれぞれの公共サービスをスリム化できる制度的条件を作り出し、さらに地方分権改革によって自治体構造改革を推進する強力な首長主導型の行政システムを作り上げることが目指されたのである(8)。公共サービスのスリム化や「集中と選択」型公財政支出は、地方公共団体による住民サービスの質的・量的引き下げを伴うものであるため、その実行には強力な行政権の確立が必要となる。それが首長主導型自治体経営である。

これまでのところ、国のナショナル・ミニマムの引き下げは着々と進んでおり、地方公共団体によって進捗状況には差があるものの、医療や福祉の領域では住民への公共サービスの引き下げは現実のものとなっている。ところが、地方公共団体における新自由主義的構造改革の学校教育分野での展開は比較的緩慢にしか進んでいない。

この原因の一つとして、地方教育行政が首長から独立した教育委員会にゆだねられ、首長が地方教育行政に直接関与できない仕組みであることがあげられるだろう。地方公共団体における学校の管理運営等の教育行政は法律上、首長から独立した教育委員会の所管に属するため、教育分野でのスリム化や教育財政の「選択と集中」が進みにくい行政構造を作り出しているのである。

しかも、教育委員会は「教育の目的を遂行するに必要な諸条件の整備確立を目標として行われる」（旧教育基本法第一〇条②）べき教育行政を所掌する行政機関として創設されたもので、教育的価値実現への志向性をその存在意義に深く組み込まれた行政機関として存在してきた。

教育的価値の実現とは、子ども・若者一人ひとりの状況とニーズに応じた教育を通じて子ども・若者の成長と発達を保障し、その現在と未来におけるしあわせの礎を築くことをいい、法制上は日本国憲法や国際教育法規に定められた教育を受ける権利・教育への権利の実現と表現される。

教育委員会による教育行政の実態には、この教育的価値実現志向性を疑いたくなる事実が散見されることは否定しない。しかし、教育委員会が財政的理由による公立小中学校の統廃合に一定の抵抗を示したり、学校教育の質的向上のために必要な教職員配置を確保するための予算確保に尽力したりしてきたことも正当に評価すべきだろう。また、大阪府教育委員会が橋下徹知事の意向に反して全国学力テストの平均正答率を市町村別に公表することに抵抗し続けたのも、教育的価値実現志向性ゆえの行動であった。

しかし、教育委員会制度に組み込まれた教育的価値実現志向性は、新自由主義的自治体構造改革と鋭く対立する可能性がある。教育委員会は学校教育を質的に充実させる方向での教育条件整備を使命とする行政機関であり、新自由主義的自治体構造改革が課題とする住民サービスのスリム化を容認し、または促進する論理は教育委員会の存在意義そのものと矛盾してしまう。このため、成果主義的予算配分による効率化を目標とする新自由主義の立場からは、教育委員会の教育的価値実現志向性やすべての子ども・若者のしあわせを大切にしようとする平等主義は改革の阻害要因と認識され、教育委員会の廃止が唱えられることになったと考えられる。

もしもこのように考えることができるとすれば、教育委員会廃止論の実体は新自由主義的地方教育行政改革であり、その結果は公立小中高校を通じて提供される公教育のスリム化と成果主義的予算配分による教育格差の拡大という形で国民全体に降りかかってくると予想しなければならない。教育委員会がその職責を果たさない（または果たせない）ことを論拠に首長主導型地方教育行政への移行が準備されているが、教育委員会廃止論が設定する議論の土俵自体を疑ってみる必要があるのではないだろうか。

本章では、教育委員会制度廃止＝首長主導型地方教育行政制度への転換を、地方公共団体における新自由主義的教育改革の推進体制整備と捉える視点を提示した。ただ、学校教育を通じて自らの政治的イデオロギーや独自の教育論を子どもや若者、教職員に押し付けようとする首長が登場する可能性があることにも強い懸念を抱いている。ここでは指摘するに留め、詳述は他日を期することとしたい。

注

（1）教育再生実行会議の提言の趣旨は次のとおりである。中教審答申はこれをなぞるように構成されている。

A　地方教育行政の権限と責任の明確化：①首長が任免を行う教育長が、地方教育行政の責任者として教育事務を行う。②教育委員会は、地域の教育の在るべき姿や基本方針等について審議し、教育長に対して「大きな方向性」を示すとともに、教育長による教育事務の執行状況に対するチェックを行う。③教育長が教育の基本方針や教育内容に関わる事項を決定するときは、教育委員会で審議することにより政治的中立性等を確保する。

B　国・都道府県・市町村の役割の明確化と権限の見直し：④国は教育のナショナル・スタンダード（学習指導要領や学級編制標準等）を維持する。⑤地方公共団体の教育行政が法令の規定に違反したり、子どもの生命・身体や教育を受ける権利が侵害されたりする場合には、国が是正・改善の指示等を行えるようにする。⑥国は地方教育行政や学校教育に関する第三者評価制度を「検討する」。

C　地域住民の意向反映：⑦国と地方公共団体はコミュニティ・スクールや学校支援地域本部等の設置に努める。⑧コミュニティ・スクールを地域住民の意向を学校教育に反映させるルートとすることで、地域住民を含む関係者が当事者意識をもち地域総がかりで学校を支援し学校の質を高めるようにする。

(2)日本の行政組織法には「特別な附属機関」という概念は存在しない。

(3)拙稿「民主党政権と地方教育行政制度――教育行政の首長部局化と学校理事会を中心に」『日本教育法学会年報』第四〇巻（二〇一一年）一四三―一五一頁。

(4)中教審答申でも地方教育行政に対する文部大臣・文部科学大臣の権限の推移を整理しているが、不思議なことに五〇年近く存在した措置要求権にはまったく言及していない。

(5)都道府県教育委員会が教育長を任命するときは文部大臣の承認を必要とし、市町村教育委員会が教育長を任命するときは都道府県教育委員会の承認を得なければならなかった。地方教育行政のキーマンである教育長人事が、中央集権的教育行政を担保していた。

(6)高橋寛人『危機に立つ教育委員会』（クロスカルチャー出版、二〇一三年）。

(7)拙稿「義務教育制度の規制改革と地方分権改革――教育人権保障と教育自治の視点から」『日本教育制度学研究』第一二巻（二〇〇五年）六―一九頁、「新自由主義的教育政策の展開と公教育の現状――公教育における支配と統治構造の転換」『日本教育政策学会年報』第一九巻（二〇一二年）八一―八九頁、「新自由主義的国家戦略と教育政策の展開」『日本教育行政学会年報』第三九号（二〇一三年）五三―六七頁、「新自由主義と教育」教育科学研究会編『3・11と教育改革』（かもがわ出版、二〇一三年）所収。

(8)首長主導の総合行政を指向する動きはアメリカの一部の大都市にも見られる（mayoral control of education)。ニューヨーク市では、市長が教育長と教育委員の任命権を握ることで教育行政の主導権を掌握し、学力向上の推進など、公立学校の改善を推進するとしている。同市では教育に関する審議機関を新設して民意を反映させるとしている。しかし、市長が教育行政や教育政策決定の要所要所を掌握しているため、教育委員会や教育長は言うまでもなく、新しく設置された審議機関もすべて市長のコピーに過ぎないとの指摘もある。

第四章　首長主導と国家統制強化の教育委員会制度改革を問う

はじめに

いま街角で「教育委員会」から連想する言葉を尋ねたら、「無責任」「機能不全」「隠蔽体質」といった否定的な評価ばかり集まってしまうかもしれない。

テレビ・カメラの前でいじめはなかったと頑《かたく》なに否定しつづけたかと思えば、数日後には深々と頭を下げて謝罪する。そんな教育委員会の映像が茶の間に届けられる。ある事件を忘れたころには、別の教育委員会が同じような醜態を繰り返してしまう。教育委員会のネガティブな姿ばかり眼に映る。どうして他山の石に学ぼうとしないのか。苦々しさとともに、怒りを通り越した悲しささえ感じてしまう。

当の教育委員会自体に帰せられるべき問題があってのことだが、教育委員会に対する否定的な評価はテレビやネットの映像情報と深く結び付いている。それらは現実のある部分を切り取って（したがって、別の部分は切り捨てて）伝達しているのだが、情報の受け手はそれを現実そのものであると錯覚しがちだ。さらに、具体的な事象から導き出された認識だからといって、事柄の本質を的確に捉えているとは限らない。本質的なものは具体的・個別的な姿でしか現れないが、逆に具体的・個別的な事象が直ちに事柄の本質を表しているわけではない。だから、テレビやネットで教育委員会の不祥事や醜態を見て、そこから直ちに当該教育委員会や教育委員会制度に対する評価を下すのは少々分別を欠いた行動と言わなければならない。

たとえば、教育委員会が生徒の自殺の背景に学校内でのいじめがあったことを否定する姿を見聞きするたびに、教育委員会の隠蔽体質が問題となり、教育委員会は無責任だとの非難が集中する。しかし、思考はそこで停止して、その理由や原因にまで思考が及ぶことは少ない。文部科学省は二〇〇五年まで、「児童生徒の問題行動等生徒指導上の諸問題に関する調査」において、「いじめ」を「①自分より弱い者に対して一方的に、②身体的・心理的な攻撃を継続的に加え、③相手が深刻な苦痛を感じているもの」と定義していた。この定義は学校や教育行政において「いじめ」として認識される行為をかなり狭く限定し、一般社会との間にずれを生んでしまった。この定義は二〇〇六年度以降、「当該児童生徒が、一定の人間関係のある者から、心理的、物理的な攻撃を受けたことにより、精神的な苦痛を感じているもの」と変更されたが、それ以降も「いじめ」を狭く捉える思考を学校に残してしまったようだ。

もちろん、不祥事や不適切な教育行政を放置してよいわけはない。しかし、教育委員会に非難の矢を浴びせ、教育委員会制度を別の制度に置き換えたら問題が解決するほど単純ではない。教育委員会に関するヒステリックな議論は、必要な考察を吹き飛ばしてしまう恐れさえある。

　本論が読者の手元に届くころには、政府・与党が教育委員会制度の廃止または大規模な改革を内容とする法律案を上程し、審議が始まっているかもしれない。安倍政権誕生以降、国会では重要法案でさえあっという間に可決成立してしまう傾向にある。学校教育に関連する制度改革は、数年後または数十年後に子どもの学びや育ち、そしてこの社会そのものに致命的な悪影響をもたらす可能性がある。だから、どんな教育制度改革にも慎重でなければならない。

　教育委員会制度の何が問題なのか、その解決のために何をどう改革すべきか、改革案は解決すべき問題に適切に照応しているか、そして改革案には隠された意図がないかを慎重に検討する必要がある。本論では、今日提起されている教育委員会制度改革の問題点を整理しつつ、欠落しがちな論点への注意を喚起したい。

1　教育委員会廃止論・抜本改革論の登場

二〇一三年末から二〇一四年二月にかけて、教育委員会制度改革に関わって政府・与党に二つの大きな動きがあった。その一つは、文部科学大臣の諮問機関である中央教育審議会（以下、中教審）が、二〇一三年一二月一三日、教育委員会制度の廃止と首長への教育行政権移譲（首長―教育長制の導入）を内容とする「今後の教育行政の在り方について」を答申したことだ。

二〇〇〇年前後以降、文部科学省には、経済財政諮問会議・地方分権改革会議・規制改革会議などから、教育委員会制度の廃止または必置規制撤廃を含む、地方教育行政制度の抜本的改革の要求が突きつけられてきた。これに対して、文部科学省・中教審は教育委員会制度の存続を前提に、比較的小規模な改革を加えることで批判をかわそうとしてきた。しかし、今回の答申はその方針を大転換するものだった。

この方針転換は、安倍政権肝煎りの「教育再生」戦略への追随と評価するほかないだろう。教育委員会制度廃止を含む地方教育行政制度改革は安倍晋三自民党総裁肝煎りの政策であり、二〇一二年総選挙の政権公約「日本を、取り戻す」にも書き込まれていた。さらに、この政権公約は政府の教育再生実行会議の第二次提言にも引き継がれて、安倍政権の「教育再生」戦略の柱の一つに位置づけられた。このため、下村博文文部科学大臣の中教審への諮問は、もはや教育委員会制度廃止以外の答申は受け付けないと言わんばかりのものだった。

ところが、教育委員会制度の廃止などを内容とする中教審答申が出された後、二〇一四年二月一七日には、自民党の文部科学部会教育委員会制度改革に関する小委員会が、教育委員会制度を存続させたうえで、首長主導で「大綱的な方針」を定め、教育委員長職と教育長職を統合した新・教育長にその実施責任を負わせる改革案（以下、自民党案）をまとめた。

自民党内にはもともと、教育委員会制度改革をめぐる微妙なずれが存在していたようだ。自民党の教育再生実行本部の「中間取りまとめ」（二〇一一年一二月二一日）と安倍政権の教育再生実行会議の「教育委員会制度の在り方について（第二次提言）」（二〇一三年四月一五日）には教育委員会の実質廃止＝諮問機関化が書き込まれていたが、二〇一二年総選挙向け政権公約「日本を、取り戻す」（日付なし）では、教育委員会の存続を前提に、〝首長が任命する教育長を教育委員会の責任者にする〟という表現に変わっていた。この背景には、教育統制の手法と、そのために地方教育行政をどう位置づけるかをめぐる考え方の違いがあるようだ。自民党文教族はおそらく、教育の国家統制と、文部科学省を頂点とする中央集権的な教育行政を維持する上で、教育委員会を存続させることは有益だと考えているのだろう。また、文部科学省が教育委員会制度の存置にこだわるのも、おそらく、文部科学省を頂点とする中央集権的な教育行政の仕組みを維持していくうえで教育委員会を存置しておく方がよいとの考えからだろう。

自民党案は教育委員会制度を存続させようとしている点では安倍政権の方針から外れるところがあるが、安倍首相も自民党案を了承していると伝えられている。一九五六年の地方教育行政法以降、民意から切り離される一方で、中央からの通達や指導助言を素直に実行する教育員会を使い勝手のよい教育統制装置と考える点で、文部科学省と自民党は認識を共有しているのだろう。しかし、これは教育委員会をこれまで以上に形骸化させるものでしかない。

中教審答申と自民党案が今後どのように扱われるのか。また、公明党や日本維新の会などと調整がどういう展開をもたらすか、未知数も多い。しかし、政府・与党内での調整が終われば、国会審議もそこそこに、もちろん国民的議論を待つことなく、法案提出から可決成立まであっという間に進んでしまうかもしれない。

2　首長主導型教育行政への転換

(1) 首長―教育長制：中教審答申

中教審答申は、教育事務を他の行政事務と同じく首長部局化し、首長主導の地方教育行政制度への転換を提言している。これを分節化して言えば、(a)首長を地方公共団体の教育事務の執行機関とする、(b)首長は自らの補助機関として教育長を任命し、地方教育行政の「実施責任者」とする、(c)首長には恣意的な教育長人事が可能となる教育長罷免権を与える。そして、(d)教育委員会は「首長の特別な附属機関」(このカテゴリーは現行制度には存在しない)である審議機関にする。これはまったく新しい制度は、首長―教育長制とでも呼ぶべきもので、首長主導型地方教育行政を可能にする。

現行制度(執筆当時)では、教育委員会が執行機関として教育事務の大半を管理執行し、教育行政にかかわる首長の職務権限は、予算案、条例案、予算執行、契約、私立学校・大学に関する事項に制限されている。ところが、中教審答申は教育行政に関するあらゆる権限を首長に移譲しようとするものだ。教育長は首長の指揮監督下に置かれるため、教育行政の独自性、とりわけ政治家の不当な支配から教育の自律性を保護する機能は完全に失われてしまう。

このことを実際の動きに即して言えば、(a)首長が「教育に関する大綱的な方針」を策定し、(b)教育長はその実施に責任を負い、(c)教育委員会はその策定や実施状況について意見を言うことができる。ただし、首長や教育長は教育委員会の意見に従う必要はない。さらに、(d)教育長が「教育に関する大綱的な方針」に従わないときやうまく実施できないときは、首長は教育長を罷免できる。つまり、教育・教育行政に関する基本的な意思決定は首長が独占し、教育長は実務担当者、教育委員会は諮問機関でしかなくなる。

この点に関連して、中教審は、首長には教育長に対して「日常的な指示」はさせないと言い、あたかもそれだけで教育の政治的中立性が守られるかのように説明している。しかし、教育長の活動は首長が策定する「教育に関する大綱的な方針」で拘束されているのだから、首長による縛りは「日常的な指示」どころではない。しかも、首長には教育長の任免権が与えられるため、たとえ協議、依頼、情報提供などと形を変えても、それらは「指示」と同じ効果をもってしまう。

中教審が本気で、首長による教育への政治的介入が起きないと考えているとすれば、現実認識が甘すぎると言わなければならない。逆に、本当は懸念を感じているならば、中教審答申は国民を欺く政策文書だと言わなければならない。

（2）教育委員長職と教育長職の統合：自民党案

自民党の文部科学部会教育委員会制度改革に関する小委員会は、教育委員会を残し、「責任体制の再確立」を軸とする改革案をまとめ、二〇一四年二月一八日付けで与野党に送付した。

教育委員会を残す自民党案は中教審答申と比べたらまだましだという意見もあるようだ。たしかに、中教審答申の［首長＝教育事務の執行機関、教育長＝首長の補助機関、教育委員会＝執行権のない審議機関］と比べれば、教育委員会を執行機関として存置する自民党案の方が緩やかな改革に見える。しかし、自民党案における教育委員会存置は形ばかりで、次に見るように、教育委員会の役割と権限はこれまで以上に換骨奪胎されてしまう。

(1) 首長主導で策定する「大綱的な方針」による縛り。自民党案では、首長主導の総合教育施策会議（仮称）で「教育に関する大綱的な方針」（以下、「大綱的な方針」）を策定し、新・教育長（後述）にその実施責任を負わせる。これは、大阪府・市の教育行政基本条例が、首長主導で教育振興基本計画案を作成し、議会の承認を受けて、教育委員会や学校にその実施義務を課しているのとほぼ同じ制度設計である。しかし、自民党案では教育委員会を首長から独立した執行機関に位置づけているのだから、その行政活動を首長が縛るというのではまったく理屈が通らない。

(2) 首長に従属する教育長。自民党案は現在の教育委員長職と教育長職を統合した新・教育長（任期二年）を置き、首長が新・教育長を直接任命・罷免するとしている。しかも、教育長の職務は「大綱的な方針」によって縛られ、かつ首長には是正要求権も与えられる。現行制度では、教育長は教育委員会の補助機関であり、教育委員長が主宰する教育委員会の指揮監督を受ける。ところが、自民党案が実現すると、教育長は首長に従属することになる。首長と同じ考えをもった教育長が、首長の顔色を伺いながら教育行政を行うことになりかねない。これでは教育行政の政治的中立性は夢のまた夢に終わってしまう。

また、自民党案は「教育委員会を執行機関とする」と言うのだから、教育委員会が首長による不当な支配介入を受けることなく、主体的かつ責任をもって教育行政を行う仕組みを作らなければならない。ところが、自民党案は教育委員会が所掌する教育事務に首長がいくらでも介入できる仕組みになっている。「教育委員会＝執行機関」という看板を掲げてはいるが、その内実は［首長＝執行機関、教育長＝首長の補助機関、教育委員会＝φ（無に等しい）］であり、羊頭狗肉にほかならない。

(3)　教育委員会の所掌事務と職務権限を首長に移譲。自民党案は、教育委員会・教育長が現在所掌している教育事務の一部を首長に移譲するとしている。教育委員会から首長に移譲する事務は、教職員の定数、給与水準、人事・服務監督・懲戒の方針は言うにおよばず、学校等教育施設の設置・廃止、就学援助、学校給食の実施にまで及ぶ。たとえて言えば、自民党案は、これまでの器（教育委員会）は残しておくが、重要な中身（所掌事務と職務権限）は新しい器（首長）に移し替えるようなものだ。

首長は現在でも予算編成・執行を通じて教育条件整備に影響力を行使できるが、自民党案は予算を伴う事柄に関する事項をすべて首長に所管替えするため、学校給食費の徴収、就学援助の認定、副教材の選定・購入まで首長の権限に属することになる可能性がある。たとえば、学校給食費未納の原因は親のモラルや規範意識の低下にあるという、偏見と無知に基づく誤解が定着している。首長が学校給食費の徴収事務に関与することになれば、未納者やその子どもがこれまで以上に過酷に処遇される心配がある。

なお、教育委員会権限の一部を首長に移譲しても、教育行政を担当する部課が首長部局と教育委員会の両方に存在するという非効率が生まれそうだ。また、少なくとも当面は、首長部局に教育事務を処理する体制を整えることは難しいだろう。このため、首長に移譲される教育事務の管理執行は、当面あるいは永続的に、首長から教育長に対して補助執行が命じられることになるだろう。そのため、見かけ上は現行制度と何も変わらないように見えるかもしれないが、そうではない。教育長は首長の教育行政を補助執行する補助機関となるため、仮にそれらの管理執行に問題があっても教育委員会はもはやその是非を問うことすらできなくなってしまう。

(3) 教育・教育行政における正統性と責任体制

教育委員会制度改革の論拠として、教育委員会は責任の所在が不明確だという議論がしばしば持ち出される。おそらく、これには二重の意味が含まれている。一つは、教育委員は首長に任命されるため住民代表性を欠いているという意味だ（正統性の欠如）。もう一つは、教育委員会には教育委員長（非常勤）と教育長（常勤）が並立しているため、教育委員会内部の責任の所在が不明確だという意味だ。自民党案は、首長主導で「大綱的な方針」を定めることで前者に対応し、教育委員長職と教育長職を統合することで後者に対応しようとしているように見える。

しかし、これらの議論自体に根本的な疑問がある。まず、前者に関して言えば、自民党案は住民の選挙で選ばれた首長が「大綱的な方針」を策定することで、教育行政の正統性を確保しようというものだ。しかし、政治的選挙で選出された首長が「大綱的な方針」を定めることには正統性があるのだろうか。教育委員会制度は元々、教育的・文化的な価値を実現するため、住民の政治的意思と区別される教育意思に基づいて教育行政を行おうとする制度だ。教育行政から政治を排除するのは、住民の教育意思を排除するためではなく、政治的権力者による教育支配を防止するためだ。政治・政治家に媒介されない教育・教育行政固有の意思反映ルートと、その意思を実現するシステムの構築を目指した教育委員会制度を、教育行政を首長がコントロールする仕組みに置き換える改革構想は本末転倒の至りである。

さらに、首長が策定した「大綱的な方針」に則って教育委員会が教育行政を行うという仕組みは責任が明確になるどころか、責任の所在をますます曖昧にしてしまう。というのは、「大綱的な方針」の下で実施した教育・教育行政の成果が芳しくない場面を思い浮かべてみよう。首長は自分に責任が及ばないように、教育長や教育委員会が「大綱的な方針」の実現を怠りまたは失敗したと批判し、教育長らは「大綱的な方針」自体に不備があったと言って責任を逃れようとするだろう。実際にありそうなのは前者だ。

後者に関して言えば、現在教育委員会に教育委員長と教育長が置かれているのは、教育委員会制度が教育の民衆統制の仕組みとして創設されたからだ。教育に関する識見と経験を有する教育長を置くことで教育行政の専門性を確保し、教育行政の素人で構成する教育委員会が教育行政専門家である教育長をコントロールする仕組みだ。こうすることで、素人と専門家とのよい意味での緊張関係を作り出し、一般市民の教育意思反映と教育行政の専門性を同時に確保しようとしたのだ。教育委員長職と教育長職を統合しようとする改革案は、素人と専門家の緊張感のある調和を基本とする教育委員会制度の意義をまったく理解していない証しである。

教育委員会を廃止するにせよ（中教審答申）、教育委員長と教育長を統合するにせよ（自民党案）、首長主導の教育行政が現実のものになれば、学校・教職員の教育活動や子ども若者の学習内容にまで口出しする法的・制度的根拠が首長に与えられることになる。これがどれほど危険なことか、我々はすでに多くの実例を知っている。大阪府・市においては、全国学力テストの結果公表・桜宮高校の入試中止・君が代斉唱強制・高校統廃合基準の押しつけなど、橋下徹氏・大阪維新の会による学校教育への政治的介入が繰り広げられた。そして、二〇一二年には自らの政治介入を正当化するために、教育行政基本条例を制定させた。他の地方公共団体でも、教科書採択、ジェンダーフリー教育、性教育をめぐって首長や議会による教育への不当な支配介入がしばしば発生し、大きな批判と議論を巻き起こしている。首長主導型教育行政に移行すれば、このような教育介入でさえ首長の正当な行為と見なされかねないのだ。

3　文部科学大臣の権限強化

首長主導型教育行政の陰に隠れて、文部科学大臣の権限強化には本来必要な注意が十分には払われていない。文部科学大臣の権限強化は、中教審答申においても、自民党案においても、教育委員会制度改革と分かちがたく結び付いている。

(1) 中教審答申

中教審は、答申に次のように書き込んで、地方教育行政に対する文部科学大臣の統制権を強化する考えを示した。

「我が国の将来を担う子どもたちの教育について、最終的な責任は国にあり、ナショナル・スタンダードが維持され、責任ある教育が行われる（中略）必要があります。（中略）国、都道府県、市町村の役割を明確にするとともに、相互の権限や関係を見直す必要があります。」

「地方公共団体の教育行政が法令の規定に違反したり、子どもの生命・身体や教育を受ける権利が侵害されたりする場合には、最終的には、国が、是正・改善の指示等を行えるようにすることにより、その責任をしっかりと果たせるようにする。」

これは下村文部科学大臣の諮問文に込められた意図に従順に応答したものだが、従順な中教審でさえ文部科学大臣にどういった権限を付与するかまでは言及していない。中教審の従順さをもってしても、政権からの権限強化の要求に応じきれなかったのかもしれない。

文部科学大臣には現在、是正要求権（地方教育行政法第四九条）と是正指示権（同法第五〇条）が与えられている。これらは、地方公共団体の教育事務の管理執行について、文部科学大臣が違法・不当と決めつけて、その是正を指示または要求できるというものだ。地方自治法に定められた国の地方公共団体に対する関与の原則に照らすと、現在でも文部科学大臣には十分過ぎるほど強い権限が与えられているため、これ以上強い権限を文部科学大臣に与える正当性を見出すことは難しい。

（2）自民党案：文部科学大臣の権限強化

中教審は文部科学大臣の権限強化については具体的な改革案を答申しなかったが、自民党案ではその欠落が補われている。

その第一は、文部科学大臣の是正要求・是正指示権を無際限に拡大することである。(a)都道府県教育委員会の教育事務の管理執行に関して都道府県教育委員会に是正要求できる場合や、(b)市町村教育委員会の教育事務の管理執行に関して市町村教育委員会に是正要求するよう都道府県教育委員会に指示できる場合を、現行地方教育行政法では「法令の規定に違反するものがある場合又は当該事務の管理及び執行を怠るものがある場合において、児童、生徒等の教育を受ける機会が妨げられていることその他の教育を受ける権利が侵害されていることが明らかである」場合に限定しているが、自民党案ではそれ「以外の場合」にも拡大しようとしていることだ。これが法制化されれば、文部科学大臣は都道府県教育委員会や市町村教育委員会の教育事務の管理執行についていつでも是正を求めることができるようになる。これは中央集権的教育行政制度を構築するうえでオールマイティーの切り札である。

教育事務は地方自治法上、地方公共団体の自治事務に分類され、その管理執行は地方公共団体の自治に委ねられている。そのため、その管理執行に違法や怠慢の疑いがある場合は、当該地方公共団体の機関や住民自身がその解決に乗り出すことが基本だ。この意味で、自民党案は地方自治の基本的ルールに対する挑戦であり、これを受け入れることは地方自治の自殺に等しい。地方自治関係者なら、与野党の区別なく、これを看過することはできないはずだ。

第二に、文部科学大臣が自ら、都道府県及び市町村の教育事務の管理執行の是正を指示できる場合を、現行地方公共団体の「教育に関する事務の管理及び執行が法令の規定に違反するものがある場合又は当該事務の管理及び執行を怠るものがある場合において、児童、生徒等の生命又は身体の保護のため、緊急の必要があるとき」に限定しているが、さらに「いじめによる自殺防止だけでなく、再発防止の措置を講じさせる必要がある場合にも」拡大しようとしていることだ。是正指示権の行使を「緊急の必要がある場合」に限定しているのは、これがたいへん強力な統制権限であるためで、安易な拡大は許されないが、自民党案は緊急の必要がない場合にも拡大しようとしているのである。

自民党が文部科学大臣の権限強化を求めるのは、地方公共団体の教育行政に対する政治的不信感からだ。安倍政権の下で文部科学省は、竹富町に沖縄戦における集団自決への日本軍の関与を否定する教科書を採択するように迫っている。政府のそういった行為こそ違法の疑いが濃いが、上記の権限拡大が法制化されれば、さらに強引なやり方で教育の地方自治が抑圧されることになるだろう。

4　改革論に欠落した視点

(1) 中央集権的教育行政

教育委員会に関する議論には重大な欠落がある。

それは第一に、旧文部省・文部科学省のこれまでをどう評価し、それとの関係で教育委員会制度の現状をどう評価するかという視点だ。教育委員会は都道府県・市町村の教育事務を地方自治的・住民自治的に管理執行することを任務として誕生した行政機関だ。教育の地方自治を支える行政機関＝教育委員会が、先進国中有数の中央集権的教育制度・教育行政制度の下でどうして存在しえたのか。

地方自治志向の行政機関が中央集権体制の下で存在しえたのは、本来の志向性を徹底的に換骨奪胎されたからにほかならない。教育委員会が自らの任務から手を引くことで存続を図ったと言いたいのではない。教育委員会は地方自治・住民自治志向性を換骨奪胎され、自らの任務を自律的に遂行する意思も能力も萎えさせられて、中央集権的教育・教育行政制度に適合的な行政機関に作り替えられてきたのだ。とすれば、教育委員会制度改革の課題は、(a)教育委員会を地方自治・住民自治志向の行政機関に生まれ変わらせることであり、(b)それに対応した中央教育行政が行われるよう文部科学省を改革することにある。もしも文部科学省がそのように生まれ変われないのであれば、文部科学省を解体しかつてのアメリカのように国が教育・教育行政に手出しすることを禁止するほかないだろう。

(2) 教育と教育行政の解体

第二の欠落は、二〇〇〇年前後から教育委員会制度の廃止や抜本改革がにわかに取りざたされるようになった理由への問いだ。

教育委員会廃止論・抜本改革論は教育委員会の無責任・無能力を論拠にしている。また、教育委員会は住民代表性に欠け、民意に基づく教育行政が行われていないと言われている。しかし、教育学者・教育行政学者はもう半世紀も前から、それらを指摘し、教育委員の住民による公選制復活や教育の自主性を尊重した地方教育行政への転換を求めてきた。長きにわたる無視の後に、今、教育委員会制度廃止＝教育行政の首長部局化が登場した理由はどこにあるのか。

私は、教育行政という、ある固有の価値実現を志向する行政領域を廃棄し、「教育行政」という概念でくくられてきた行政事務を他の行政領域に分割・再配分する狙いがあると考えている。

別の言い方をしよう。教育とは、子ども・若者一人ひとりの状況とニーズに応じた学習の保障を通じて、子ども・若者の成長と発達を保障し、その現在と未来におけるしあわせの礎を築こうとする営みである。教育行政は、この教育というものを成り立たせるために必要な人的・物的資源を確保し、教育の機会均等原理(日本国憲法第二六条)に則って適切に分配する活動である。教育行政が「ある固有の価値実現を志向する」と書いたのは、まさにこのことを指している。したがって、教育行政の解体とは、教育の人材育成と規律訓練への解体に対応して、グローバル競争を支える競争力人材の育成を目指す産業労働行政と、規律訓練による規範意識の注入を目指すイデオロギー・治安行政への分割・再配分を意味する。

教育を人材育成と規律訓練に解体するなどと表立って要求する財界人や、正面切って政策に掲げる政治家はいないかもしれない。しかし、やや長めに見れば少なくとも小渕内閣の前後から、短く見れば第二次安倍内閣の発足前後から、人間を経済産業に役立つ人材と呼び、「人格の完成を目指す」はずの教育(教育基本法第一条)を人材育成システムに転換させようとする動きは確実に強まっている。これを疑わしく思う読者には、「21世紀日本の構想」懇談会報告書「日本のフロンティアは日本の中にある」(二〇〇〇年一月)や「教育改革国民会議報告書——教育を考える17の提案」(二〇〇〇年一二月二二日)を一読することを勧める。また、二〇一四年度高等教育予算の内訳を見れば、このままでは、日本の高等教育は産業競争力向上のための人材育成と研究開発に置き換えられてしまいかねないことを実感できるだろう。

5　掻き消された可能性からの出発

今日の教育委員会が制度創設時に期待された役割を果たしていないことは紛れもない事実だ。教育学者・教育行政学者の多くが、教育委員会が民意に基づき、かつ教育の自主性尊重を基本とする教育行政の要になることを期待し、教育委員会改革の必要性を指摘してきた。また、紙幅の都合上二つの事例を紹介するに留めるが、教育・教育行政への住民参加制度を作って地方教育行政に民意を届けたり、教育委員会主導で独自の学校づくり政策を展開したりと、これまでにさまざまな取り組みがあった。しかし、その多くが政府・与党の不当な介入によって打ち切られたり、首長の政治的介入によって破壊されたりしている。

(1) 中野区の教育委員準公選制

東京都中野区では、一九七九年から一九九五年まで、条例で教育委員の準公選制を定め実施していた。地方教育行政法に定められた教育委員の首長任命制は変更できないが、同区の条例で教育委員の選任過程への住民参加を導入することで、地方教育行政に住民の意思を反映させる取り組みだった。準公選制とは、住民投票で一定数以上の票を獲得した候補者のなかから、区長が議会の同意を得て教育委員を任命するという制度だ。これは中野区独自のアイディアだ。「準」公選とされたのは、住民が直接教育委員を選出する制度＝教育委員公選制を導入すれば、地方教育行政法違反に問われる可能性があったからだ。

中野区の教育委員準公選制は、教育委員の選任過程に住民参加の道を開くことで、教育行政に住民の教育意思を届ける試みとして貴重な経験だった。当時、この中野区モデルをわが町にも導入したいという声が他の地方公共団体にも広がった。しかし、文部省（当時）は準公選制が首長（区長）の教育委員任命権を制約するものだと決めつけて、中野区に対して同制度の撤廃を求めた。

今日、安倍政権及び中央教育審議会は、教育委員会が民意から遊離しているとして、教育委員会制度の廃止論を展開している。中野区の教育委員準公選制を当時の政府・文部省が違法であると決めつけて否定したことを、安倍政権と文部科学省はどう総括しているのだろう。また、政府・与党が、国民の反対を押し切って教育委員公選制を定めた教育委員会法（一九四八〜一九五六年）を廃止し、現在の教育委員任命制を導入することで、地方教育行政を住民の教育意思（「民意」）から切り離したことについてはどう釈明するのか。教育委員会が民意を反映していないと言うなら、教育委員会制度改革の議論は、教育委員会をそういうものに改悪した経緯と責任の所在を明らかにし、それを基礎に改革案を考えるべきなのだ。その際、改革案の一つには、教育委員の公選制復活があげられるべきだ。

（2）犬山の教育改革

「犬山の教育改革」は私自身が教育委員としてかかわった取り組みである。私は二〇〇〇年一〇月から二〇〇八年九月まで、愛知県犬山市の教育委員を務めた。

犬山市は、二〇〇七年度と二〇〇八年度、文部科学省が実施する全国学力・学習状況調査（以下、全国学力テスト）への不参加を教育委員会が決定した唯一の地方公共団体だ。しかし、「犬山の教育改革」は二〇〇〇年頃から取り組まれていたもので、教育委員会や市内の学校にはほぼ毎日のように全国各地から学校・教育委員会・議会関係者の視察団が訪れていた。その幾つかには私自身が改革の理念や手法を解説した。つまり、「犬山の教育改革」は、今日では全国学力テストとだけ結びつけられる傾向にあるが、本来は全教職員参加の教材づくりとそれに媒介された学び合う教職員集団づくり、独自の常勤・非常勤講師加配による少人数指導・少人数学級の実施、文部科学省が要請する習熟度別授業の拒否など、きわめて多彩な取り組みからなる総合的な地域教育計画だった。教育委員会が全国学力テスト不参加を決めたのも、「犬山の教育改革」の基本理念である「学び合う学校づくり」にとって競争主義的学力テストは有害無益であるという考えからだった。

このとき、市長や市議会だけでなく一部のマスコミまで、「全国学力テストは国の施策だから、一教育委員会が不参加を決めることは許されない」「国の全国学力テストに参加しないことで、犬山市は国の補助金を削減されるだろう」といった根拠のない言説を振りまいた。しかし、文部科学省でさえ、学校の活動プラン（教育課程）は教育委員会が管理するものだとの法解釈に立ち、全国学力テストへの参加・不参加は教育委員会が決めることだと説明している。

不参加決定に至る過程では、教育委員五名に校長・指導主事らを交えた率直な会議を数カ月にわたって重ね、保護者への説明会も複数回実施した。教育委員会が膨大な時間を費やして議論したことは、定例会議の議事録を見ただけでも明らかだ。教育委員会が学校ごとに保護者との対話集会を開き、教育委員が出席して説明や質疑応答にあたった事例は他にあっただろうか。ところが、犬山市では教育委員会や保護者の議論がなく、教育長主導のワンマン教育行政が横行しているなどと事実を歪め、市長対教育長という個人的対立の構図に仕立てた捉え方もあった。全国学力テストについて教育委員会で一度も審議することなく、教育長の専決事項として参加を決めた教育委員会さえあったから、犬山市は当時、教育委員会が最も機能した地方公共団体の一つだっただろう。

また、教育委員会は、市長からの全国学力テスト参加「要請」をきっぱり拒絶した。市長の主張には一分の道理も見出せず、不参加と決定するまでに積み上げた教育委員会の議論や保護者との対話集会の結論を覆す理由がなかったからだ。また、予算執行権を盾に教育委員会主催で実施してきた教職員・住民参加の教育フォーラムを中止に追い込んだのだから、教育委員会が独立行政機関であることを無視した行為であった。首長による教育行政介入の暴力性と、首長主導型教育行政制度の危険性の一端がここに現れている。首長主導型教育行政への転換を主張する論者はこういった事態を「個別事例」「例外」として処理してしまうのだろうか。

犬山市教育委員会が全国学力テストに参加しなかったのは、やっと根づき始めた「犬山の教育改革」の取り組みを擁護し、学校での学習と生活を通じて子ども一人ひとりを人間として大切にする学校教育を確立することを目指していたからにほかならない。教育委員会が牽引して進めた教育改革の取り組みを政治的対立の構図に置き換えて説明することで、「犬山の教育改革」に内在する地域教育改革と教育委員会制度再生という意義が掻き消されたのである。

まとめにかえて

近年では、教育委員会が子ども若者の学びと育ちを保障するという社会的使命を果たしていないし、そうなる可能性も期待できないといった考えが広がっている。しかし、中野区における教育委員準公選制の誕生から廃止への経緯や、「犬山の子どもは、犬山で育てる」という教育の地方自治が市内外からの政治的介入によって途絶した経緯を見ると、住民が教育委員会を活用して地域の子どもに学びと育ちを保障しようとする取り組みが政治権力によってことごとく否定され、過酷な妨害を受けてきたことが認識されるのではないか。その権力が今、教育委員会制度を廃止し、あるいは大規模な改造を加えて、権力直結の教育行政制度に変えようとしていることに同意してよいのだろうか。

身近にいる悪代官を天守閣に住まう殿様の力でやっつけてほしいという、水戸黄門的シナリオを期待する気持ちは分からないではない。しかし、悪代官であろうとなかろうと、代官が殿様のエージェントとして民衆を収奪する役割を負っていることを見落としてはならない。殿様の利益のみを追求することが代官の正当な業務であり、代官というものは殿様から切り離さないかぎり民衆に対する「悪」であり続けるのだ。肝心なことは、代官が代官であり続けることをやめさせ、民衆の側に立たせることだ。このとき、代官はもはや代官であることをやめ、民衆の利益に奉仕する役割を担うことになるはずだ。

III　なぜ国家主義に向かうのか

第五章　なぜ教育勅語の復活を願うのか
――「徳」の樹立と建国の一体性

1　問題の所在

政府は、第一九三回国会において、学校教育における教育勅語の取り扱いについて看過しがたい答弁を繰り返した。その主旨は、次のように整理してよいだろう。

①教育勅語を唯一の指導原理とする教育は許されないが、教育勅語を指導原理の一つとして教育を行うことは可能である。

②日本国憲法及び教育基本法に反しないかぎり、教育勅語を教材として肯定的に扱うことも、朝礼等で生徒に唱和させることも可能である。

③教育勅語を教材とする場合、その判断は学校及び教師の創意工夫にゆだねられる。不適切な使用は、設置者・所轄庁が適切に措置する。

戦後、教育勅語の「教育ノ淵源」としての性格（＝指導原理性）は全面的に否定され、学校教育において教育勅語を普遍的・肯定的な道徳的価値が記述された文書として扱うことはなかった。一九八三年に、教育勅語の「奉読」等を行う私立高校があることが国会で取り上げられた際、政府は「教育勅語の扱いにつきましては、学校という公の教育を行う場におきまして教育活動の中で取り扱ってはならないということは、学校を経営する者はわかっているはず」、「島根県当局に対してこういう内容についての是正を指導してもらいたいということを指導してまいった」というように、教育勅語の指導原理性や教材としての使用を認めない旨を答弁していた。政府自身は否定しているが、第一九三回国会における政府答弁は、教育勅語に関するこれまでの政府見解を大きく変更するものだった。

ただ、教育勅語を正面から取り上げてその容認にまで言及することは、政府が当初から意図するところではなかったかもしれない。第一九三回国会では、安倍首相夫妻が「すばらしい」と賞賛した私立幼稚園が園児に教育勅語を暗唱させたり「安倍首相がんばれ」などと連呼させたりしていたことに、野党の質問が及んだ。これに対して、政府参考人の文部官僚が、教育勅語を暗唱させることが直ちに特定の思想信条の押しつけにはならないとか、教育勅語を唯一の「根本理念」とする教育は適当ではないが教育勅語が含む普遍的な「内容」を活用することは差し支えないなどと答弁したことをきっかけに、一連の教育勅語容認答弁が展開されることとなった。

しかも、政府が展開した教育勅語容認の論拠は、明々白々歴史的事実に反するもので説得力を欠くものだった。そして、野党から追求されればされるほど、論拠を欠いたまま教育勅語容認のトーンが上昇し、最後には文部科学副大臣が朝礼での教育勅語の唱和も容認されるとまで発言してしまった。

懸念されるのは、一連の教育勅語容認答弁に励まされて、教育勅語に基づく道徳教育や教育勅語の教材化を学校・教師に迫る地方議会や教育委員会が現れるおそれがあることだ。政権内部及びその政治的支持基盤には、教育勅語を教育の指導原理として復活させたいと考える政治勢力がもともと存在しており、これまでも一部の地方議会等に露頭のように姿を現すことがあった。今回の教育勅語容認答弁は、露頭の出現をさらに促進するだけでなく、鉱脈本体の露出にまで結びつく危険性もある。

本章の課題は次の二つである。第一に、第一九三回国会における政府の教育勅語容認答弁が論拠を欠くものであることを明らかにする。そして、第二に、明治政府はなぜ教育勅語を必要としたのか、そして今日教育勅語を復活させる狙いはどこにあるかを考察する。

2　根拠のない教育勅語容認答弁

まず、第一九三回国会における教育勅語容認答弁を分節化して論点を明確にし、それらに正当な論拠がないことを示す。

（1）教育勅語の指導原理性は全面的に否定されている。

政府は、文部次官通牒や国会決議を論拠に、教育勅語を「唯一の指導原理」とすることはできないが、「唯一」でなければ教育勅語を指導原理として教育を行ってもよいとの答弁を繰り返した。これは歴史的事実を曲解する不当な主張である。

一九四五年八月の敗戦後、政府は当初教育勅語の温存や新勅語「渙発」をはかろうとし、一九四六年一〇月八日の文部次官通牒「勅語及び詔書の取扱について」では、教育勅語の「奉読」や神格化は明確に禁止しつつも、教育勅語を「教育の唯一の淵源となす従来の考へ方」を捨て「広く古今東西の倫理、哲学、宗教等」にも目を向けるべきだと通知した。これは「唯一」でなければ教育勅語を指導原理とすることは可能ということを意味する。

しかし、日本国憲法の公布・施行や教育基本法の制定を経て、一九四八年六月一九日の衆議院決議「教育勅語等排除に関する決議」では、教育勅語に「指導原理性を認めない」ことが明確に宣言された。この決議で、教育勅語等が「今日もなお国民道徳の指導原理としての性格を持続しているかの如く誤解されるのは、従来の行政上の措置が不十分であつたがため」として一九四六年通牒を批判し、教育勅語等の「根本理念が主権在君並びに神話的国体観に基いている事実は、明かに基本的人権を損い、且つ国際信義に対して疑点を残す」と述べた。参議院も同日、「教育勅語等の失効確認に関する決議」において、「教育勅語等が、あるいは従来の如き効力を今日なお保有するかの疑いを懐く者あるをおもんばかり、われらはとくに、それらが既に効力を失つている事実を明確にする」と決議した。これらを受けて、文部省も次官通牒「勅語及び詔書の取扱について」（一九四八年六月二五日）で、一九四六年通牒を撤回し、国会決議の趣旨を徹底すべく教育勅語の回収を指示した。

要するに、衆参両院は、日本国憲法及び教育基本法の制定により教育勅語の指導原理性が全面的に否定されたにもかかわらず、一九四六年通牒の影響で教育勅語が温存されていることを憂慮して、一九四八年決議により教育勅語の廃棄を最終的に確認したのだった。「唯一」でなければ教育勅語を指導原理とする教育も可能であるという政府答弁は、歴史的事実をねじ曲げるもので、根拠のない主張と言わなければならない。

（2）教育勅語に普遍的な道徳的価値は認められず、その内容を肯定的に扱う余地はない。

政府は、「夫婦相和シ」等を例示して、教育勅語には普遍的な道徳的価値が含まれており、それらを学校教育で肯定的に扱うことは可能だと答弁した。

ここで一二の徳目すべてに言及することはできないが、たとえば「夫婦相和シ」は男尊女卑の家父長制を前提とする価値観に基づくもので、個人の尊厳と男女平等を基調とする現代の家族関係とは根本的に異質なものである。逆に、「夫婦相和シ」を現代的な意味で説明すれば、生徒たちは戦前戦後の家族制度の質的転換を認識できず、日本の近現代史を理解できなくなってしまう。同様に、「公益ヲ広メ世務ヲ開キ」を脱文脈化して、現代社会の生き方として理解させることも教育勅語の誤読である。

教育勅語の徳目を当時の意味で肯定的に説明することは、国民主権・基本的人権・平和主義に反し認められない。他方、それらを肯定的に説明するために脱文脈化すれば、教育勅語及び日本の近現代に関する認識を誤らせることになり、非教育的な教え込みになってしまう。

(3) 教育勅語を教材として肯定的に扱うことは、日本国憲法・教育基本法に反する。

政府は、教育勅語を教材とすることの是非について定めた法令の規定はないから、日本国憲法・教育基本法に反しないよう適切な配慮の下で教材として使用することは可能だと答弁した。教育勅語は、戦前の教育や社会を批判的に考察するための教材として教科書や資料集で紹介されてきた。これはまったく正当な使い方だ。しかし、政府が、日本国憲法・教育基本法に反しないよう配慮すれば、教育勅語を教材として使用できると答弁するのは、教育勅語またはその一部を肯定的に教えることを容認するという意味においてだ。

教育勅語に限らず、日本には特定の文書等を教材として使用することを禁じる法令はない。しかし、教育勅語の指導原理性を一部認めた一九四六年通牒でさえ、教育勅語の「奉読」や神格化つまり肯定的に扱うことを禁止した。さらに、一九四八年の国会決議は、教育勅語を勅語という形式ゆえに否定しただけでなく、その内容が日本国憲法に違反するとして教育勅語を学校教育から排除した。教育勅語を教材として肯定的に扱う余地はまったくないのである。

（4）学校・教員による教育勅語の肯定的使用は許されない。地方議会や教育委員会による教育勅語の使用強制は不当な支配に該当する。

政府は、教育勅語の教材としての使用は教育現場の創意工夫にゆだねられ、不適切な使用があったときは設置者（公立学校：都道府県・市区町村、私立学校：学校法人）・所轄庁（私立学校：都道府県知事）が対応すべきだとの答弁を繰り返した。この答弁は教育勅語の使用を助長する効果をもつが、これに正当な根拠がないことはすでに述べたとおりである。

今後、地方議会や教育委員会が、学校・教師に対して、教育勅語を指導原理とする教育の実施や教育勅語の肯定的教材としての使用を強制する事案が発生することが懸念される。その際、教材の選択や使用は教育現場の創意工夫にゆだねられており、不適切な使用があったときは設置者・所轄庁が対処するとの、政府の答弁は、教材の選択・使用ルールを確認したものとして重要だ。もしも地方議会や教育委員会が教育勅語の使用を学校・教師に強要したときは、このルールに反する不当な支配（教育基本法第一六条）として排除されなければならない。

3　フィクションとしての建国と徳の樹立

教育勅語は、正式には「教育ニ関スル勅語」（官報では「勅語」）といい、井上毅や元田永孚らが起草し、一八九〇（明治二三）年一〇月二三日に明治天皇の言葉として公布された。大日本帝国憲法は「法律勅令其ノ他詔勅」の三つを天皇の名で公布すると定めていたが（第五五条）、教育勅語はこのいずれにも該当しない。しかし、これは教育勅語が憲法上の根拠を欠くということではない。教育勅語は、国家機関としての天皇の意思表示形式である「法律勅令其ノ詔勅」とは区別され、国家を超越した存在である天皇自身の言葉として権威づけられ、「奉読」等を通じて神格化されたのである。

今日ウェブ上には、教育勅語の現代語訳や解説が複数掲載されている。しかし、教育勅語はもともと多義的に解釈できる文書であり、戦前においても教育勅語の解説が複数存在したことを考えると、安易な現代語訳や評釈は危険であろう。しかし、このあとの論考を進めるため、ここでは教育勅語に次のことが書かれていたことを確認しておきたい。

① 「皇祖皇宗」による建国と徳の樹立との一体性
② ①は「国体の精華」であるとともに、教育の指導原理（「淵源」）であること
③ 「夫婦相和シ」に始まり「一旦緩急アレハ義勇公ニ奉シ以テ天壌無窮ノ皇運ヲ扶翼スベシ」で終わる一二の徳目

教育勅語公布の前年にあたる一八八九（明治二二）年二月一一日、明治天皇は大日本帝国憲法を発布した。その際の「憲法発布勅語」には、「朕カ祖宗ニ承クルノ大権ニ依リ現在及将来ノ臣民ニ対シ此ノ不磨ノ大典ヲ宣布ス」とある。これは、国家の統治権を「祖宗」から継承する天皇が、臣民に対して永遠不滅の法として大日本帝国憲法を宣布するというほどの意味であろう。し

かし、「祖宗」以来、天皇家が実効的に国家統治権を掌握し代々継承してきたという事実はないし、統一国家が存在してきたわけでもない。これらは、大日本帝国憲法制定の正統性を担保するために案出されたフィクションであり、天皇親政という擬制の上に建国された大日本帝国に正統性を与えるフィクションだった。

教育勅語も、「朕惟フニ我カ皇祖皇宗国ヲ肇ムルコト宏遠ニ徳ヲ樹ツルコト深厚ナリ」という、大日本帝国憲法と同じようなフィクションで始まる。そして、「皇祖皇宗」による建国と「徳」の樹立の一体性こそ「国体ノ精華」であり、教育はそれを指導原理（「教育ノ淵源」）とするとした。そして、天皇及び国家への滅私奉公を核とする国民道徳を身につけた者こそ「朕カ忠良ノ臣民」であり、そうすることが「爾祖先ノ遺風」を讃えることであるとした。建国と一体的に樹立された「徳」を「教育ノ淵源」とするかぎり、教育は国家による国民統治と一体化せざるをえない。国民から「自主的」な滅私奉公を引き出す国民統治を樹立するため、国民の精神をまるごと支配する「徳」の教育を必要としたのだろう。

視点を換えて言えば、教育勅語に書かれた「皇祖皇宗」による建国と「徳」の樹立というフィクションは、大日本帝国憲法と教育勅語がほぼ同じ時期に一体的に誕生した事実を写し取ったように見える。新しく誕生した権力は、その誕生に際して自己正統化のプロセスを踏まなければならない。明治維新を経て成立した国家権力は、神話的国体観に基づくフィクションの上に、大日本帝国という尊大な国号を名乗る国家を樹立した。フィクションの上に築かれた国家を現実世界で成立させるためには、「徳」の樹立、すなわち教育による国民道徳の確立が不可欠だったのである。

教育勅語が掲載された一八九〇（明治二三）年一〇月三一日付の官報には、芳川顕正文部大臣の訓示が掲載されている。この訓示は教育勅語の活用方針として、①教育勅語の謄本を全学校に頒布すること、②教育関係者は天皇の「聖意」を「奉体」して教育にあたること、③学校の式日等で教育勅語を「奉読」し解説を加えて生徒に理解をさせること、の三つをあげている。学校儀式での「奉読」を通じて教育勅語を神聖化し、子どもに教育勅語を暗唱させたのは、大日本帝国の建国の基礎となる忠君愛国・滅私奉公を柱とする「徳」を強引に樹立するためだった。この意味で、教育勅語は、建国のフィクションを事実に変えることを使命として誕生したと言ってよいだろう。

大日本帝国は約半世紀にわたって、戦争と植民地支配を継続する、戦争国家の道を歩んだ。建国神話と教育勅語の「徳」は、臣民に忠君愛国・滅私奉公の精神を押しつける役割を果たした。また、戦争国家の国民が国家による情報統制というフィルター越しに直面した「現実」は、国民の国家への求心性を強化し、教育勅語の「徳」に現実的基盤を与えた。こうして、教育勅語は戦前・戦中、与えられた使命の達成に相当程度成功したと見るべきだろう。

4　愛すべき国家の再定義

二〇〇六年一二月制定の教育基本法では、「伝統と文化を尊重し、それらをはぐくんできた我が国と郷土を愛する（中略）態度を養うこと」（第二条五号）が「教育の目標」の一つとされた。そして、二〇一五年の学校教育法施行規則改正により、小中学校に「特別な教科　道徳」が新設され、二〇一九年から実施されることとなった。今後は、「我が国と郷土を愛する態度」の育成が、これまで以上に強調されるだろう。

ただ、文部科学省が戦前のような教育勅語を核とする徳目主義的道徳教育の復活を目指していると考えることは適切ではないだろう。むしろ、文部科学省は、徳目主義とは反対に、「考える道徳」を通じて、①新自由主義的社会秩序に対応する生き方を自ら主体的に選択する価値観と思考回路から構成された市民道徳と、②社会の経済秩序と国家による政治的統治に対する内外からの侵犯に対する主体的安全保障意識、の育成を目指しているのではないか。

しかし、安倍政権とその周辺には、教育勅語の復活を願う政治勢力が存在することも見落としてはならない。第一九三回国会での教育勅語の登場は、一種のハプニングだったかもしれないが、教育勅語の復活を目指す政治勢力は戦後も存在し続けた。保守政治家の一部やその政治的基盤となっている国民の中には、教育勅語そのものの復活を願う者さえいる。過去には、天野貞祐文部大臣の「国民実践要領」（一九五一年）のように教育勅語もどきを作ろうとする動きもあった。安倍政権の下で、こういった政治勢力が勢いを増しているからこそ、このハプニングが起きたと考えるべきだろう。

教育勅語による国民統合を期待する政治勢力にとって、戦前における教育勅語による国民統合と戦争への「自発的」協力＝大衆動員の成功は、それが招いた戦争の惨禍とは都合良く切り離されて、忘れがたい成功体験になっているのだろう。そして、教育勅語による「徳」の樹立こそ、この成功の鍵だと考えているのだろう。しかも、この場合、教育勅語に書かれた「夫婦相和シ」等の徳目以上に、建国と「徳」の樹立の一体性というフィクションによって描かれた、帰属し守るべき国家像こそ、国家への国民統合と戦争への大衆動員の入り口だったのだ。この意味で、「伝統と文化を尊重し、それらをはぐくんできた我が国と郷土を愛する（中略）態度」という教育基本法の文言は、国家を「伝統と文化」との関係でしか描けていない点でまったく不本意なものであろう。

この政治勢力は、「皇祖皇宗」による建国と「徳」の樹立というフィクションは受け入れられても、敗戦を契機とする国家再建、すなわち国民主権・基本的人権の尊重・平和主義を国民統合原理とする日本国としての再出発という、現代日本の建国の事実は受け入れられない。そのため、彼らの主張する国家主義は、自らが現実に帰属する国家の建国の経緯と統合原理を承認できないという、重大な破綻を内包している。

たとえば、外国による不正な軍事的侵略から祖国を防衛するという場合、守るべき祖国とは何なのかが問題となる。日本国憲法の下で守るべき祖国とは、国民主権・基本的人権の尊重・平和主義の下に樹立された国家にほかならない。ところが、これらを統合原理とする国家を受け入れられない政治勢力には、日本国憲法には守るべき祖国の姿を描き出す原理を見出すことができず、教育勅語に戻るほかには守るべき祖国を確認するすべがないのだ。彼らが日本国憲法の「改正」と教育勅語の復活を志向せざるをえないのは、新たな統合原理による国家のリスタートが必要だからであろう。

二〇一七年六月一六日、日本教育学会をはじめとする多くの教育系学会が会長声明を公表した。この声明は、政府による教育勅語容認を批判し、地方公共団体や学校・教師に対して教育勅語を指導原理とする教育を導入せず、教育勅語を教材として肯定的に使用しないよう呼びかけるものだ。教育勅語の容認は、子ども・若者や教師の思想良心の自由を踏みにじるだけでなく、日本国憲法の国民主権・基本的人権の尊重・平和主義という国民統合原理を否定する大きな文脈と繋がっていることが認識されるべきだろう。

第六章　学びの統制と人格の支配
――新設科目「公共」に注目して

はじめに

二〇一八年三月三一日、文部科学省は高等学校と特別支援学校高等部の新・学習指導要領を文部科学大臣告示として公示した。この学習指導要領は、二〇二二年度から年次進行で実施される。小・中学校及び特別支援学校小学部・中学部については、二〇一七年三月三一日、新学習指導要領が公示されており、小学校と特別支援学校小学部では二〇二〇年度から、中学校と特別支援学校中学部では二〇二一年度から全面実施される。

これらの改訂により、小中高校の教育は今後、大きく変化していくだろう。目立つところでは、小学校の新教科「外国語」の新設（五、六年生）と「外国語活動」の低学年化（三、四年生）、道徳の「特別の教科」化、アクティブ・ラーニングの本格導入、高校の各教科を構成する科目の再編成、プログラミング教育の導入などがある。また、今回の改訂は、知識・技能の伝達中心の学校教育を改め、「思考力・判断力・表現力」や「学びに向かう力、人間性」の育成を重視している。

日本では、とりわけ「ゆとり教育」批判がまきおこった二〇〇〇年前後以降、学校の教育課程や学習指導要領は学力向上の視点からばかり論じられる傾向にある。これに対して、今回は全体として児童生徒の学習量を増大させる方向での教育課程基準の改訂が目立つためか、学習指導要領改訂に関する社会の関心は高くない。しかし、道徳教育の強化や高校の必修科目「公共」の新設など、学校教育を児童生徒の人格支配の手段に変質させかねない内容にあふれており、学力の水準とは別の次元で大きな問題をはらんでいる。そこで、本章では、「公共」新設の意味を道徳教育の強化と関連づけて考察するとともに、文部科学大臣が定める学習指導要領に法的拘束力をもたせてきたことの問題性を検討する。

1　一面的価値観を押しつける道徳教育

高等学校には現在、社会科系の教科として「地理歴史」と「公民」がある。このうち、「公民」は、「現代社会」「倫理」「政治・経済」の三科目で構成され、高等学校の卒業要件として「現代社会」または「倫理」「政治・経済」が必修とされている。今回の教育課程基準の改訂では、

①学校教育法施行規則を改正して「現代社会」を廃止し「公共」を新設するとともに、②学習指導要領を改訂して「公共」を必修科目に指定し、教育内容とその扱いについて詳細に記述している。これにより、「公民」は科学的な社会認識を育てる教科から、公共の秩序に従いその発展に貢献する国民・市民を育成する道徳教育に変質しかねない、と私は考える。

この背景には、幼小中高を通じて道徳教育をいっそう強化したい、という安倍政権の考えがある。二〇〇六年一二月、第一次安倍政権の下で教育基本法が改悪された。このとき、政府は、愛国心教育推進の法的根拠とすべく、「教育の目標」条項を新設し「我が国と郷土を愛する」との文言を書き込んだ。学校教育において児童生徒に何か特定のものを無条件に愛するように指導すること、また教師にそのような指導をさせることは、児童生徒及び教師の内心の自由に対する侵害であり、人格の独立に対する脅威をもたらしかねない。この一点だけでも、二〇〇六年の教育基本法「改正」は改悪であったと評価するほかない。しかも、翌二〇〇七年には、この改悪の意図をさらに具体化する目的で、学校教育法や地方教育行政法などが改悪された。その後の政権交代で一旦は中断したものの、二〇一二年に発足した第二次安倍政権は、教育基本法改悪によって進めようとした「教育再生」を具体化するための施策を次々に展開してきた。

道徳教育に関して言えば、この一〇年ほどの間に、愛国心教育を含む、道徳教育強化の流れが作られ、小学校では二〇一八年度から、中学校でも二〇一九年度から、「道徳」が「特別の教科道徳」に変わり、教科書を用いて授業を行い、徳目として示された教科の目標に照らして児童生徒を評価することになった。遡ってみると、安倍首相が設置した教育再生実行会議が、第一次提言「いじめの問題等への対応について」（二〇一三年）においていじめ対策を論拠に道徳教育の強化を求め、それを受ける形で文部科学省の中央教育審議会が「道徳教育に係る教育課程の改善等について」（二〇一四年）を答申し、小中学校のように「道徳」の時間がない高等学校についても、「社会との関わりの中で主体的に生きる力を育成することをねらいとした新科目の設置に関する検討なども踏まえ、道徳教育の改善のための検討を行うことが必要」と応じた。今回の学習指導要領改訂を方向づけた中央教育審議会答申「幼稚園、小学校、中学校、高等学校及び特別支援学校の学習指導要領等の改善及び必要な方策等について」（二〇一六年）は、こうした政治的文脈の下で成立したものだった。

「公共」新設は、中教審が二〇一六年答申で、①「他者と協働しつつ国家・社会の形成に参画し、持続可能な社会づくりに向けて必要な力を育む」科目として必修科目「公共」を新設し、②既存の「倫理」と「政治・経済」とともに「人間としての在り方生き方や社会の在り方を発展的に学習する科目」とする、と答申したことによる。新・高等学校学習指導要領では、「公共」「倫理」「特別活動」を高校における道徳教育の中核とするとした。これでは、社会科系教科を中心に高校教育全体が道徳教育の場に変質しかねない。

新・高等学校学習指導要領の記述を確認しておこう。「第1章　総則」に新設された「第7款　道徳教育に関する配慮事項」には、次の五つが高等学校における道徳教育の強化・推進の「配慮事項」として示されている。ここで「配慮事項」とは表向きの表現にすぎず、実際にはこれらが学校の遵守事項として運用される可能性が高い。
①道徳教育の全体計画を作成し、指導の方針・重点、各教科・科目等との関係を明確化すること。
②「道徳教育推進教師」を設置し、全教師が協力して道徳教育を展開すること。
③「公共」「倫理」「特別活動」を人間としての在り方生き方に関する中核的な指導場面とすること。
④育成すべき徳目。「我が国と郷土を愛する」など。
⑤学校・学級の環境整備と、就労体験・ボランティア活動など「豊かな体験」を充実すること。
児童生徒がそれぞれ、個性的な人格をもった人間として成長できるようにするとともに、将来主権者としてまた社会の構成員として自立して責任ある行動が取れるようにすることは、公教育の目標のひとつである。その際、学校の役割は、児童生徒が自己の人格を完成し、また主権者として、必要な知識や概念を獲得し、科学的見地からの批判的考察を経て、自分自身で価値観を選択して自分自身の生き方を探り当てることができるよう手助けすることにあるはずだ。また、ある人が社会をいかなるものとして認識するかということと、その人が社会や人間に対していかなる価値観をもち、社会においてまた他者に対していかに行動するかということは、密接な関係にある。したがって、児童生徒が現在及び将来において自己の人格を主体的に形成していくための

基礎として、教科教育を通じて基礎的・基本的な知識・技能を獲得し、世界（自然、その一部としての人間、人間が構成する社会）を豊かに認識し、また世界に対して主体的にコミットできるようにすることこそ、学校教育の任務であろう。社会科系教科が学校において学ばれる意義は、その学習を通じて児童生徒が科学的社会認識を獲得し、自己の社会的行動を自律的に規律するときの主柱たる価値観を児童生徒が形成するのを支えることにある。

知の獲得と人格の形成は、個人の内面においては不可分な関係にある。しかし、学校が、個人の人格形成に直接踏み込むことになれば、個人の人格形成はゆがめられ、個人の人格的独立が脅かされてしまう。知の獲得と人格の形成が不可分の関係にあることと、学校教育が直接関与する領域の設定は区別して考えなければならない。上記答申とそれに基づく学校教育法施行規則改正及び学習指導要領改訂は、児童生徒から科学的社会認識を獲得する機会を奪い、特定の価値観と生き方を押しつけようとするものだ。これは、学校教育が超えてはならない壁を突き崩し、入り込んではならない個人の内面に越境しようとするもの、そして国家権力を背景に学校・教師に対してこの禁忌を犯すよう強制するものだ。

二〇一八年、中学校の「道徳」教科書の検定結果が公表された。その中に、「道徳」の学習目標＝徳目に照らして、自分自身を四または五段階で繰り返し評価させるページを設けたものが数点あった。二〇一七年に発表された小学校の「道徳」教科書のひとつにも同様のページがあった。特定の道徳規範の内面化を目標とし、その状況を教師が評価することにも問題が多いが、児童に自己評価させること、また第三者が簡単に見られる教科書に書き込ませることは、児童生徒の内心の自由を侵害することにならないか。教科書の検定に関わる人々の規範意識の崩壊を懸念する。教師にはこのページを使わない良識を期待したい。

2　科学的社会認識の排除と公共への貢献

高等学校の「公民」科は、「地理歴史」科とともに高等学校の社会系教科を構成し、主として人文社会諸科学を基礎に、現代の政治・経済・社会・倫理に関する科学的認識を獲得させ、高校生の人格形成と社会・国家の主体形成に資することを目的とする教科である。

その中にあって、現在の「現代社会」は、社会的事象を歴史的に捉える視点はいささか弱すぎると言わざるをえないが、「青年期と自己の形成」「現代の民主政治と政治参加の意義」「個人の尊重と法の支配」「現代の経済社会と経済活動の在り方」「国際社会の動向と日本の果たすべき役割」の学習を通じて、高校生が現代社会に関する科学的認識を獲得できるように配慮されている。「現代社会」は一九七八年告示の高等学校学習指導要領で導入された科目であり、当初は現代社会に関する一面的な認識を押しつける科目になりかねないなどの批判があったが、教育現場の努力によって社会認識を育てる科目として肯定的に評価される科目に成長した。

二〇二二年からは「現代社会」が廃止され、「公共」の授業が始まる。学習指導要領に示された科目の「目標」を比べると、二つの科目には決定的な違いがある。紙幅の関係で全文引用はできないが、廃止される「現代社会」では、「現代社会の基本的な問題について主体的に考え公正に判断するとともに自ら人間としての在り方生き方について考察する」として、自己の在り方生き方が考察の対象になっている。ところが、新・高等学校学習指導要領には、「公共」は「人間と社会の在り方についての見方・考え方を働かせ、現代の諸課題を追究したり解決したりする活動を通して、（中略）公民としての資質・能力を次のとおり育成する」科目とされ、「人間と社会の在り方についての見方・考え方」は学習者の主体的な考察の対象ではなく、「働かせ」るものと位置づけられている。これでは、それらが所与の前提として押しつけられかねない。

しかも、この科目を通じて育成すべき資質・能力は、現代社会の課題解決のための概念や理論の理解・判断力・議論する力、倫理的主体として活動するために必要な情報の調査技能、愛国心を含む「人間としての在り方生き方」の自覚とされる。新しい時代を生きる人々にとって本当に大切なことは、既存の「見方・考え方」や価値観を問い返す力を育むことではないのか。

こういった問題は、「公共」の指導内容にも如実に現れている。新・学習指導要領は「公共」の内容を次のように示すとともに、この順序で学習させなければならないとしている。

A　公共の扉

(1)公共的な空間を作る私たち

(2)公共的な空間における人間としての在り方生き方

(3)公共的な空間における基本的原理

B　自立した主体としてよりよい社会の形成に参画する私たち

C　持続可能な社会づくりの主体となる私たち

これによれば、「公共」では、まず自らが属する公共に積極的に参画することを価値あることとして教え込み（上記A）、次に政治・経済・社会に関する知識・技能を公共への参画手段として習得させ（同B）、社会づくりの主体に必要な思考力・判断力・表現力等を獲得させる（同C）。また、上記Bに関して習得させるべき事項は(ア)私人間の利害調整、(イ)国家主権と安全保障、(ウ)市場経済と政府の役割、(エ)情報処理能力、と要約できるほどの内容に留まる。

重要なことは、第一に、本来「参画」は多様なベクトルをもちうるが、ここでは既存の公共を批判的に捉えそれを変革することはまったく想定されていないことだ。「公共的な空間を作る私たち」と言うとき、「公共的空間」が内包する矛盾や「私たち」の多様性が捨象され、「私たち」の「在り方生き方」が「公共的空間」への貢献に限定されていることだ。このため、この科目を通じて、現代社会に対する科学的認識や批判的考察を欠いたまま、既存の公共を無批判に肯定し貢献する「在り方生き方」を押しつけることになる。なお、二〇一六年の中教審答申にも、学習指導要領にも、科目名称に採用した公共という概念を定義または説明する記述が見られない。公共が、国家や市民社会とどういう関係で捉えられているのか、また児童生徒にどのように理解させようとしているのか。科目のキー概念が明確にされていない状態では教科書編集も授業づくりも進められない。しかし、文部科学省にそれを明らかにするよう求めることは、学問が担うべき事柄を国家権力に委ねることになりかねない。

第二に、現在の「現代社会」の内容には「国民主権」「基本的人権の保障」「平和主義」が含まれており、国家の組織原理や国家と国民の関係を学習し、その実態について考察する機会がある。ところが、「公共」では、「平和主義」が「防衛」に置き換えられ、「国民主権」と「基本的人権の保障」は削除されている。「権利」概念は、私人間の権利義務関係の文脈でだけ登場し、国家と国民の関係を律する概念としては登場しない。これらは、現代社会が内包する諸問題を発見・認識するために欠くべからざる基本的概念であり、またその解決のために国民に保障された手段でもあって、本来なら社会科系教科の中核に置かれるべきものだ。

安倍政権は日本国憲法改正を準備している。それに賛成するにせよ、反対するにせよ、今こそ日本国憲法に関する豊かな学習が保障されなければならないはずだ。日本国憲法が定める「国民主権」「基本的人権の保障」「平和主義」について学習する機会を奪う政権が想定する公共とは、いったいどのようなものであろうか。その公共は、「国民主権」「基本的人権の保障」「平和主義」はもとより、自己自身の価値形成・意思決定や社会における合意形成の前提として事物や事象を原理的に捉えることさえ否定するものだと考えざるをえない。

3　人格支配のための学びの枠付け

今回の学習指導要領改訂には、「何を知っているか」ではなく、「何のために学ぶのか」こそ重要だとの思想が貫いており、これまでは①知識・技能ばかり重視されたが、これからは②思考力・判断力・表現力等、③学びに向かう力や人間性、を合わせた三つの資質能力を育成する必要があるとされる（二〇一六年中教審答申）。そして、これらの資質能力は、主体的・協働的な問題発見・問題解決を経験することによって磨かれるとして、学校・教師にアクティブ・ラーニングによる「主体的・対話的で深い学び」を求めている。

日本の学校教育が知識・技能の習得に力点をかけすぎて、児童生徒が疑問をもち、その解決のためにじっくり考えることを軽視する傾向があったということには、おおむね異論はないだろう。大学・高校入試では思考力よりも記憶力を問う設問が目立ち、暗記することが学習することだとの歪んだ教育観・学習観をもつ人は少なくない。論語に、「学びて思はざればすなわち罔《くら》し、思いて学ばざればすなわち殆《あやう》し」という言葉がある。知識・技能の習得に偏重した学習・教育では、自分が向き合うべき現実を的確に把握することはできず、知識・技能を活かすことも難しい。逆に、先人が築いた学問の成果から学ぶことなく自分の考えを展開するだけでは、物事の真実から遠ざかってしまう。先人の成果から学ぶこと、そして自分自身が直面する現実に照らして考えること、これらは深い学びにとってたいせつなことだ。

ただ、ここで重要なことは、何を学び、何を考えるか、そして何のために学ぶのかを、誰がどのように選択するかにある。人は、自ら学んだこと、自ら考えたことによって、自らの人格を形成していく。また、何を学び何を考えるか、したがって何のために学ぶかは、その人の人格の表現でもある。つまり、何を学び、何を考えるか、そして何のために学ぶかは、各自の人格の根幹にかかわる事柄であり、その選択は各自の人格的自由として保障されなければならない。

二〇一六年中教審答申は、育成すべき資質能力として、①知識・技能、②思考力・判断力・表現力等、③学びに向かう力・人間性等、の三つをあげた。二〇〇六年に改悪された学校教育法の第三〇条第二項に基づき、文部科学省はこれまで、①知識・技能、②思考力・判断力・表現力等、③主体的に学習に取り組む態度、の三つを「学力の三要素」と称してきた。法律で学力を定義すること、また③を学力概念に含めることの問題性は当時から指摘されていた。二〇一六年中教審答申では、文部科学省自ら、学校教育法の定めを逸脱して、「主体的に学習に取り組む態度」を「学びに向かう力・人間性等」に置き換えた。中教審は、この「人間性」の意味を説明していないが、もしもこれが生徒の価値観や生き方、したがって人格そのものを意味するとすれば、人格を資質能力概念に組み込んだという点で理論的誤りを犯していると言わなければならないし、それ以上に、資質能力の育成の名を借りて、法規性があると主張する学習指導要領によって人格形成まで国家統制の対象にしたことになる。道徳教育の強化や新科目「公共」の内実を検討してみるに、これは私の杞憂にすぎないと思い返すことは難しい。

4　逸脱の度を増した学習指導要領

学校は、児童生徒や地域の実情を踏まえつつ、学校の教育目標を明らかにし、各教科や特別活動などで構成する学校教育計画を立て、その計画に基づいて児童生徒に対して組織的・系統的な教育活動を展開している。この計画は教育課程と呼ばれる。学校が向き合う児童生徒や地域の実情には多様性があるから、教育課程は学校の数だけ存在するはずだ。

とはいえ、学校が開設する各教科・科目の名称や授業時間数の標準などには一定の基準を設けないと、学校教育の質を担保し、教育の機会均等を確保することは難しい。そのため、各学校が教育課程の編成にあたって準拠する一定の基準は必要であろう。その際、民間の学術・教育団体が教育課程基準を自主的に開発するという制度設計はありうるが、日本では文部科学大臣が教育課程基準として学校教育法施行規則と学習指導要領を定めている。すなわち、文部科学大臣は、学校教育法施行規則に教科・科目の名称やその授業時数などを定め、学習指導要領で各教科・科目の目標、内容、内容の取扱いの基準を定めている。

ここで問題は、文部科学省が、学習指導要領を文部科学大臣告示という形式で公示し、学習指導要領には法規性があり、そこに記述された事項には法的拘束力があるため、各学校は学習指導要領に準拠して過不足なく指導しなければならないと主張してきた。これにより、文部科学省が各教科等の目的・内容を統制することとなり、学校の教育課程編成及び教育実践は法的に規制され、学会や民間教育団体などによる教育内容の研究開発は事実上制限されている。たとえば、学習指導要領に入学式・卒業式などにおける日の丸掲揚・君が代斉唱を「行うものとする」と記述することによって、教師・生徒・参列者に日の丸への敬礼や斉唱が強制されている。

これは、国が学習指導要領を通じて、各教科等の内容を包括的に統制することを意味するため、学習指導要領の法規性・法的拘束力の有無は教育法学にとって主要な論点のひとつとされてきた。教育法学においては、①国が学校制度的基準を定めることは認められるが、教育内容を権力的に統制することは学習・教育の自由、思想良心の自由、学問の自由に反する、②学習指導要領は法的拘束力のない指導助言文書としてのみ適法に存在しうる、との理解が有力である。最高裁判所は学テ最高裁判決（一九七六年）で、学習指導要領が大綱的基準に留まり、教育現場に創造的・弾力的な教育を行う余地があって、一定の理論や観念を一方的に教え込むよう強制するものでないかぎり、学習指導要領には法規性が認められるとの判断を示した。

しかし、現行の学習指導要領でさえ最高裁判決が審理した学習指導要領と比べると、学校の教育内容を具体的かつ詳細に記述し、学校教育を包括的に統制するものになっている。新・高等学校学習指導要領は、質量ともに現行学習指導要領をはるかに超えるものとなった。高等学校学習指導要領の頁数は倍増し、各教科等の教育内容だけでなく、その扱い方の記述が詳細になったほか、新たに「カリキュラム・マネジメント」すなわち教育課程を中核とする学校管理体制にまで言及している。

こうなると、新学習指導要領は、最高裁が容認した大綱的基準の範囲を逸脱して、教育課程を不当に統制するものであり、このままでは各学校における教育課程編制に対する「不当な支配」がこれまで以上に制度化・恒常化しかねない。もしも文部科学省が今後も学習指導要領を適法的に存在させたいと考えるならば、文部科学省自ら、これまでの主張を改め、学習指導要領が法的拘束力をもたない指導助言文書に過ぎないことを宣明する必要があるだろう。

第七章　安倍政権の改憲構想と国家改造プロジェクト

1　なぜ憲法を擁護するのか

自由民主党が二〇一二年四月に公表した「日本国憲法改正草案」（以下、自民党改憲案）は、行政権の強大化、基本的人権の制限、そして軍事国家化を強く志向するものである。これが現実のものとなれば、国民主権・基本的人権の尊重・平和主義を基本とするこの国の在り方はもとより、この国に暮らす人々の生活と人生も大きく変わってしまう。日本国憲法を擁護し、その基本原理を実現する取り組みは今後ますます重要だ。

ただ、その場合も、憲法擁護を自己目的化させてはならない。どんな取り組みも、ひとたびそれが自己目的化すると、当事者でさえ本来の意義を見失うものだ。そうなると、憲法擁護の意義が共有されなくなり、多数派形成はますます難しくなる。より多くの人々が憲法擁護の取り組みに参加できるようにするためには、それぞれが直面する現実に照らして、日本国憲法の意義を繰り返し確認することが必要だ。

人間は、あらゆる人が個人として尊重され、尊厳ある生をまっとうできるようにすることを理想とし、その実現を目指してきた。しかし、その過程で人々は互いに傷つけあい、憎しみを再生産してきた。同じ理想の実現を目指しているのに、なぜそれとは反対の方向に向かってしまうのか。この根源には、人々はそれぞれ自らに都合よく「あらゆる人」の範囲を決め、他者を「あらゆる人」から排除してきたという事情がある。

しかし、イエスが「汝の敵を愛せよ」と言ったように、人間の歴史は「あらゆる人」の範囲を拡張しようとする歴史でもあった。「あらゆる人」の範囲は生産力に制約され、その拡張は生産力の発展に依存する。ただし、生産力の発展が自動的に「あらゆる人」の範囲を拡張するわけではなく、その拡張を目指す人々の思想と行動が不可欠だ。

近代以降、この拡張の到達点は、各国の憲法や国際人権法規に書き込まれてきた。憲法で「何人《なんぴと》も」とか「すべて国民は」と言うときの人々の範囲は、自由と平等を求める人々の奮闘によって少しずつ拡張されてきた。「あらゆる人」の拡張につれて、基本的人権が保障される人々の範囲が拡大しただけでなく、既存の自由権的基本権の内実が拡充されるとともに、新しい基本的人権として社会権的基本権が登場した。日本国憲法の平和主義（戦力不保持と交戦権放棄）は「あらゆる人」を地球規模に拡張する人類史的試みと言ってよいだろう。

たとえば、子どもの貧困という社会問題は、経済的困窮のために私的・社会的生活において理不尽な不自由を強いられる子どもたちを「あらゆる人」に加えることに私たちが合意できるか否かを問い、私たちがこの問題を解決する知恵と力を発揮できるかを試している。この意味で、子どもの貧困の解決は、憲法規範を拡充する取り組みにほかならない。このように、憲法擁護のためには、具体的な課題に即してつねに憲法規範を再確認するだけでなく、憲法規範を現実の諸過程に適用することを通じて憲法自体を発展させる努力が不可欠だ。

ひるがえって、明文改憲であれ、解釈改憲であれ、日本国憲法を改悪しようとする動きは、人間の歴史的努力によって到達した「あらゆる人」の範囲を狭め、人間の歴史を過去に引き戻そうとするものだ。日本国憲法は、その前文に言うとおり、国民が相互に、また他の国々の人々と、自他の違いを理解し相互に「あらゆる人」として承認し合うことで、平和で自由な生活を保障し合う社会を実現したい、という人類共通の理想の上に樹立された。基本的人権の制限・否定や軍事国家化などを内容とする改憲は、国内でも国際関係においても「あらゆる人」の範囲を確実に狭めてしまう。その帰結はもはや述べるまでもないだろう。

2　安倍政権の国家改造プロジェクトと改憲

憲法を意味するコンスティチューション（constitution）という言葉には「基本構造」という意味がある。憲法には国家の基本構造が定められているのだ。日本国憲法は、国政は国民主権の基礎の上に成り立ち、国家権力の担い手は国民の代表でなければならず、国政の目的は国民の福利にあるという「人類普遍の原理」に立って制定された憲法である（前文第一段落）。国民主権・基本的人権の尊重・平和主義は、日本という国家を成り立たせる基本中の基本である。

したがって、改憲は多かれ少なかれ国家の基本構造を変更するものであり、とくに重大な基本構造の変更は既存の国家を否定し新しい国家を創設することを意味する。大日本帝国憲法を廃棄して日本国憲法が制定されたとき、天皇主権から国民主権へ、基本的人権の尊重、平和主義の樹立という、国家の基本構造に原理的な転換があった。これにより、大日本帝国自体が廃棄され、新しく日本国が建国されたのである。五月三日の憲法記念日は建国記念日と言う方がふさわしいかもしれない。他方、国民主権・基本的人権の尊重・平和主義の制限・否定を目的とする改憲は、日本国憲法と日本国を廃棄し新しい国家を創設することを意味する。

安倍首相は自ら「新しい国造りに挑む」と言い、改憲への意欲を隠さない。安倍政権による改憲は日本の基本構造を根本的に転換させるプロジェクトの一環に位置づくものだ。では、そのプロジェクトとはどのようなものか。

安倍政権は、経済・産業界が期待する新自由主義的国家改造プロジェクトの推進を使命とする、国家主義者の政権である。しばしば新自由主義と新国家主義とは補完関係にあると言われるが、私は新自由主義と新国家主義がその本質において分かちがたく結びつき相補う関係にあるとは考えない。新自由主義的国家改造プロジェクトは労働搾取と富の収奪の強化を全社会的規模で、しかも合法的に遂行する国家と、積極的であれ消極的であれ、搾取と収奪そしてそれがもたらす格差・貧困に同意する市民社会を創出する支配層のプロジェクトである。しかし、それは国ごとに様々な形態で展開するはずで、民主主義と人権思想の国民的基盤が脆弱で、しかも第二次大戦後の戦争責任が適切に処理されなかった日本では、このプロジェクトを保守的な国家主義者（後述の国家主義α）が担っていると考えるべきだろう。

安倍政権の政治的存在意義は、経済・産業界が期待する新自由主義的国家改造プロジェクトを実行することにある。このプロジェクトは国家改造をテコに社会の基本的価値や個人の生き方・在り方をも大きく転換させようとするもので、少なくとも次の要素からなる。

①独占資本の利潤増大に貢献する市場ルールの創設
②海外市場の拡大、途上国からの天然資源・人材資源の収奪、経済・産業の軍事化
③公的サービス・公共サービスの市場化
④憲法第二五条・第二六条関連の公財政支出の削減、市場化と私費負担強化
⑤住民と自治体に自己責任を強いる地方分権改革

新自由主義的国家改造プロジェクトを推進することは、安倍政権の政治的存立条件であって、これを推進するか否かについて安倍政権に選択肢はない。

他方、安倍政権とその周辺には日の丸・君が代の強制、教育勅語の肯定、歴史修正主義、銃剣道の復活、ジェンダーフリーへの敵視、「親学」や家庭教育への国家介入など、国家主義・保守主義が強く現れている。これらはしばしば復古主義的でさえある。ここには安倍首相の思想的傾

向も反映していると思われるが、それ以上に安倍政権の政治的支持基盤である国家主義・保守主義勢力の政治的・イデオロギー的要求への応答と見るべきだろう。ここでは、これを国家主義αと呼ぶ。

国家主義αは、戦前・戦中に創出された国家主義・軍国主義・家父長制などをイデオロギー的起源とし、本来なら敗戦を契機にきっぱりと精算されるべきものであったが、戦後処理の不徹底により今も命脈を保っている。しかし、国家主義αを生み出した戦前・戦中とは異なって、今日の日本には国家主義αを一つのイデオロギーとして成立させる客観的条件はほぼ失われている。しかし、保守勢力の一部は国家主義α以外に国民統合の論理を見出せず、教育基本法への家庭教育条項の追加（第一〇条）や親学の推進、日の丸・君が代の押し付け、「嫌韓・嫌中」キャンペーンを通じて、国家主義αをイデオロギーとして再生産することに躍起になっている。

自民党改憲草案には、天皇の元首化（第一条）、国旗国歌尊重義務（第三条）、国防軍創設（第九条の二）、国民の戦争協力義務（第九条の三）、「公益及び公の秩序」遵守義務（第一二条）、集会・結社・表現の自由の制限（第二一条）、家族の相互扶助義務（第二四条）、海外派兵の根拠となる在外国民保護（第二五条の三）、国家緊急権（第九八・九九条）など、国家主義αを反映した改憲項目が多く見出される。自民党改憲草案は国家主義αを基本に作成されたと見て良いだろう。ただし、第九条関係の改憲は、グローバル資本の海外進出を軍事的に下支えし、製造業の軍需産業への展開を担保するものとして、新自由主義の文脈でも捉える必要がある。

しかし、国家主義αとは別に、「新たな公共」を核とする新しい国家主義が創出されつつあることも見落としてはならない。ここでは、これを国家主義βと呼び、前者と区別する。国家主義αは国家シンボル（天皇・皇室、日の丸・君が代など）や伝統的価値観を国民統合の契機とするが、国家主義βは市民社会内部に生まれる市民的活力を国家が擬似的に作り出す「公共」に組織化することで国民統合を図り、その組織された活力を国家の政策実現手段として取り込み活用しようとする。

ただ、国家主義βを国家と社会の基本構造に組み込むといっても、日本国憲法の現行規定に文言上抵触するところがなければ改憲は必要ない。自民党改憲草案に国家主義βに関する条項が見出されないのは、このためだろう。しかも、国家主義βはすでに法律や施策に組み込まれている。政府がしばしば強調する「自助・共助」はこの文脈で理解すべきものだし、自殺対策基本法や子どもの貧困対策の推進に関する法律の、国・地方公共団体の施策に対する国民の協力義務もこれに連なるものだろう。

国家主義βは、高校の新科目「公共」における「公共的な空間を作る私たち」の強調や、政治的教養教育における政治活動の制度的政治参加（本書第八章参照）への囲い込みといった形でも登場する。新科目「公共」は、「公共的空間」が本来内包する矛盾や価値の多様性を捨象して、個人を無媒介に「公共」に包摂し、個人の「在り方生き方」を「公共的空間」への貢献へと方向づけようとする。これは現代社会に対する科学的認識や批判的考察を抜きにして、無批判に「公共」を受容する態度を育てようとするものだ。

国民主権国家における政治的民主主義は、国家意思形成過程への国民参加を保障するものでなければならず、主権者たる国民には主体的な政治参加の基礎となる政治的教養の獲得が求められる。その際、政治的教養教育は、要求の掘り起こしと調整、要求とその正当性への合意形成、要求実現のための組織づくり、要求のより大きな社会的文脈への位置づけといった、非制度的政治参加を成り立たせる力を育てるものでなければならない。しかし、政府は、選挙権行使に関する知識・技能（投票、選挙運動、選挙公報に基づく投票）や、政策提言型政治参加（パブリックコメントや政策提言）を強調し、国民の政治参加を制度的政治参加に囲い込もうとしている。

安倍政権の国家改造プロジェクトは新自由主義、国家主義α、国家主義βの三つで構成される。ところが、自民党改憲草案にはほぼ国家主義αだけが強く現れている。平和主義の廃棄＝軍事国家化の背景には、グローバル資本の国際展開を軍事的に担保する意図が読み取れるものの、全体として新自由主義や国家主義βの要素を見出すことは難しいのだ。しかし、改憲問題を過小評価してはならないことは言うまでもないが、改憲とは別に新自由主義と国家主義βを柱とする国家改造が着々と進められていることも見落としてはならないだろう。

3　憲法意識の変質がもたらす改憲

自民党は一九五五年の結党以来、日本国憲法の明文改憲を党是としてきたが、実際には明文改憲の難しさから、繰り返し憲法解釈を変更し、憲法違反の既成事実を積み上げることで、違憲状態を常態化させてきた。安倍政権による日本国憲法の明文改憲は、現行条文を書き換えたり新たに書き加えたりすることで、これまでに蓄積された解釈改憲を明文化するだけでなく、一歩も二歩も踏み込んで日本の基本構造を変更しようとするものだ。

安倍政権にこの改憲の考えを変えさせることはできないとしても、改憲手続きに着手するのを断念させることはできる。強行か断念かは、国民が改憲を受容するか否かにかかっている。このことは、政府もよく理解しているから、改憲を受容する世論形成に躍起だ。たとえば、政府はこの間、近隣諸国との緊張関係を高めることで、また自衛隊と米軍の一体化を進めつつ敵地攻撃が可能な装備を強化することで、国民の意識を国際協調による安全保障から軍事的安全保障へと向かわせようとしている。国民の憲法意識を安倍政権のそれに近づけようとしているのである。

また、政府による意図的・組織的な世論形成だけでなく、国民の生活意識の変化が憲法意識の変化をもたらし、憲法の条文が意味する憲法規範を変質させたり無力化させたりしかねないことにも注意を向ける必要がある。たとえば、教育制度の競争主義的・格差的編成は教育を受ける権利に関する憲法意識を、また社会の競争主義的編成と「自助・共助」の強調は生存権に関する憲法意識を、変質させ、日本国憲法に保障する基本的人権を国民が適切に認識するのを阻害する可能性がある。

日本国憲法第二六条に定める教育を受ける権利は、すべての国民に差別なく平等に教育を受ける権利を保障したものであり、国・地方公共団体には単なる法の下の平等にとどまらず、経済的地位の違いによって教育を受ける機会に格差が生じないよう積極的に施策を講ずるよう義務づけている。また、「その能力に応じて、ひとしく教育を受ける権利」とは、能力や障害による教育上の差別を容認したものではなく、能力の発達の必要に応ずる教育を保障したものだと理解されてきた。

ところが、朝日新聞社とベネッセ教育総合研究所が二〇一八年に行った「学校教育に対する保護者の意識調査」によれば、教育格差が存在することについて「当然だ」「やむをえない」と回答した保護者の割合は六二・三パーセントに達した。二〇〇八年までは「問題だ」と応えた保護者が過半数を占めていたから、この一〇年ほどで保護者の意識に大きな変化があったのだ。「当然だ」「やむをえない」と回答した保護者の思考回路からは、教育を受ける権利がすでに抜け落ちているか、権利という言葉の意味が変質しているのではないか。

幾世代にもわたって競争主義的教育制度にさらされ続ける日本人は、競争は自らの生存を確保する手立てであると認識しがちだ。学校は競争の場であり、教育は競争を通じて自らの生存基盤を確保する手段である、と。このため、制度化された教育競争の理不尽さは十分すぎるくらい認識していても、また学力競争が子どもの人間形成をゆがめることはわかっていても、親たちは競争制度の中で勝ち残ることに子どもの生きる方途を見出さざるをえないと考えてしまうのではないか。このように考える人々は、教育を受ける権利や教育の機会均等原理そして日本国憲法は、競争を通じて自分や家族が勝ち取った優位をご破産にしかねない理不尽な仕組みにすぎないと考えるかもしれない。

日常的生活意識に引きずられて国民の憲法意識がこのように変化すると、明文改憲によらずとも憲法規範の内実が変質してしまう。また、憲法意識の変化が進めば、日本国憲法の基本原理の意義を理解できなくなり、明文改憲を受容する意識が醸成されていく恐れもある。これらは明文改憲と同じ意味をもつ。政府は社会をこれまで以上に排他的・競争主義的に組織し、憲法意識の変質を促すモメントを強化している。これらにも適切に注意を払わなければ、安倍政権による改憲と国家改造プロジェクトに対する対抗軸を設定しそこなう可能性がある。

4　日常生活からの憲法実践

憲法というものは生き物である。紙に書かれた憲法典があるだけでは、そこに書かれた憲法規範によって国家による公権力行使を規制できるわけではない。憲法規範を実現しようとする人々の営為＝憲法実践を通じて、憲法は国家を規制する現実的な力として働くようになる。翻って言えば、人々の憲法実践が存在しなければ、憲法は死んでしまう。したがって、憲法擁護の取り組みの中心には、憲法を生かす憲法実践を据えなければならない。

今日では、国民生活の深部にまで政府の関与が及んでいるため、国民の生活や人生に関わる問題がしばしば憲法問題として現れ、日常生活が憲法実践の意味をもつようになった。家計の事情で進学を諦める青年、君が代斉唱を口パクでやり過ごした卒業生、給食のない夏休みには体重が減る子どもたち、多忙化のために生徒に手をかけられない教師。これら皆が憲法問題に直面している。この現実を乗り越えようとする努力は、憲法実践という意味をもつ。

憲法問題は個人の生活領域で解決するわけではないが、憲法問題は生活過程での実感的問題把握を通して解決の俎上にのせられるべきものだ。しかも、これは新しい価値を創り出そうとする努力にほかならないから、憲法実践は憲法を学び深める過程＝自己教育でもある。憲法は日常生活において切り崩されもするが、憲法を擁護する憲法実践もまた日常生活場面から始まるのである。

Ⅳ　若者の政治参加と政治的教養教育の自由

第八章　主体的政治参加のための政治的教養と内発的参加要求
――解釈改憲政権による主権者教育の危険性

1　一八歳選挙権と政府による主権者教育

二〇一五年六月の公職選挙法改正による選挙権年齢の引き下げを、これまで制度的政治参加（後述）の機会が与えられていなかった若者に選挙権等を付与し民主主義的政治制度に包摂する改革であると見るならば、日本の政治史上特筆すべき出来事の一つと言わなければならない。そして、原理的には、制度的政治参加が制限されていた満一八歳以上満二〇歳未満の若者の政治参加を促進し、その年代（「世代」ではなく）固有の要求を政治に直接反映させることを目的とする改革と評価すべきだろう。しかし、現実はこういった歴史的・原理的意義とは別の方向に向かって動いている。

参議院政治倫理の確立及び選挙制度に関する特別委員会は二〇一五年六月一五日、公職選挙法改正案の可決に際して、「民主主義の根幹である選挙の意義等の十分な理解が進む」よう、「主権者教育及び若者の政治参加意識の促進に向けた諸施策を速やかに実施する」ことなど、三項目の附帯決議を全会一致で議決した。この改革で二四〇万人の若者が新たに有権者として国政選挙に参加することになるから、主権者教育と政治参加意識の向上を目的とする施策が必要だと考えることは理解できなくもない。しかし、政府が国民に対して主権者教育を行うことには、そもそも原理的な矛盾があるのではないか。公正中立な主権者教育や政治的教養のための教育を政府に期待できるのだろうか。少し遡って考えてみよう。

文部科学省は二〇一四年一月に、①教育基本法第二条に定める「我が国及び郷土を愛する心」などの教育目標と教科書の記述との対応関係のチェック強化、②政府見解の記述強制などを内容とする教科書検定基準等の改定を行った。二〇一六年四月から中学校で使用する教科書は、この基準に適合するよう現行版の記述が変更された。二〇〇六年一二月の教育基本法改正時に懸念されたとおり、第二次安倍政権成立以降、教育内容に対する国家統制が格段に強まり、学校教育の政府広報化とでも言うべき状況が生まれている。

他方、文部科学省の中央教育審議会は、高等学校の公民科に「主体的な社会参画に必要な力を、人間としての在り方生き方の考察と関わらせながら実践的に育む科目」として「公共」を新設する準備を進めている。(1) この科目は社会参加・政治参加の基礎となる政治経済に対する科学的認識を獲得させる教育ではなく、社会貢献と法令遵守を基本とする道徳教育に陥る可能性がある。

さらに、総務省と文部科学省が共同で作成した副教材「私たちが拓く日本の未来――有権者として求められる力を身に付けるために」と教師用の「指導資料」（二〇一五年九月二九日公表）は、選挙制度に関する知識と投票先選択のノウハウ及び選挙運動等に関する「べからず」集に留まった。これを学習するだけでは、政治の現実と本質を知り、国民自身による政治活動の意義を理解し、主権者として主体的に行動できるようになることは期待できない。

ここで、アメリカのフォーク歌手ピート・シーガー（Pete Seeger、一九一九〜二〇一四年）のWhat did you learn in school today? を紹介しよう。――「きょう、学校で何を勉強した？」と尋ねると、幼い息子はこう答える。「ワシントン（連邦政府）は嘘をつきません。兵士は滅多に死にません。誰もが自由です。」「政府は強くなければなりません。政府はいつも正しく、過ちはおかしません。指導者はみんな立派な人だから、次の選挙でも当選させましょう。」「戦争はそれほど悪いことではありません。アメリカはドイツやフランスで戦って、偉大な勝利を収めました。」と。そして、息子は「僕もいつか戦争に行って戦いたいなぁ。」と付け加える。

政府は、嘘はつかないと言って、嘘をつく。どれだけ多くの兵士が命を落としても、無辜《むこ》の市民がどれだけ殺されても、犠牲は少ないと発表する。そして、政府は学校教育を通じて国民を戦争に動員してきた。政府自身の行為や国が歩んだ歴史を、政府が政治的に公正中立な立場で語ることは期待しがたい。約六〇年にわたってほとんど政権交代のない国では、なおさら強く懸念される。

特定の政治戦略の遂行を目指す政府に対して公正中立な政治教育を求めることは、二つの相矛盾するミッションの遂行を期待することである。この場合、二つ目のミッションが犠牲になるのは火を見るより明らかだ。とすれば、たとえ政府が政治教育の実施を買って出たとしても、国民はそれに同意すべきではないだろう。

2　制度的政治参加への囲い込み

上述の副読本は公職選挙法改正の枠組に沿って記述されたものであり、その限りにおいて生徒の選挙権行使に対する違法かつあからさまな制約は見られない。[2] しかし、まさにこの点にこそ本質的で重大な問題が潜んでいる。

政府が政治参加と言うとき、その内実は、①選挙で投票すること、②投票すべき政党や候補者を選ぶこと、③特定候補への支持を訴える選挙運動を行うことに留まる。公職選挙法改正で満一八歳以上満二〇歳未満の若者が法制上行えるようになった行為を政治参加として整理していけば、その内容は自ずと右の三つに限定されるだろう。しかし、これらはせいぜい選挙参加とでも呼ぶべきものだ。国民主権原理の下で国民に保障される政治参加と、公職選挙法で保障されかつ制約される選挙参加とは区別しなければならないが、政府は両者を同一視し、政治参加の意味を不当に狭く説明しているのだ。また、副読本はアクティブ・ラーニングの導入を繰り返し推奨しているが、この体験的学習活動を通じて、限定された場面における視野の狭い政治参加が強く印象づけられかねない。

「政治参加」概念の整理が必要だ。ここでは、法律に定められた範囲の有権者が、予め定められた様式に従って一斉に意思表示する形態で行われる政治参加（選挙での投票のほか、憲法改正の国民投票、最高裁判所裁判官の国民審査、地方自治体における解職請求・条例改廃請求・監査請求などの直接請求など）と、それに直接付随しそれ自体も法令で枠づけられた政治活動（たとえば選挙運動）への参加を「制度的政治参加」と呼ぶことにしよう。他方、政治的意見の表明を目的とする集会・デモや政治的テーマの学習会・討論集会などの企画・参加、政治結社の創設・加盟・勧誘、政治資金の募集やそれに応ずる募金など、多様な形態・内容の組織的活動や個人的行動を「非制度的政治参加」と呼ぶことにする。非制度的政治参加の主体は、公職選挙法に定める有権者に限られるものではなく、未成年者や外国人もその主体になりうる。

制度的政治参加が成り立つためには、非制度的政治参加による裏打ちが必要だ。若者の政治参加を促すと言うなら、後者の意義を重視すべきで、学校教育上も適切な目配りが必要だ。選挙権をもたない若者にもその意義と重要性が理解されるように努めなければならない。しかし、政府が政治参加と言うときは、非制度的政治参加が丸ごと脱落するだけでなく、制度的政治参加の一部だけを指している。これでは、若者の政治参加観を法律で限定された選挙制度の内側に囲い込んでしまいかねず、主体的な政治参加は望むべくもない。

政治参加の意味をこのように限定して理解させることは、選挙で一票を投じることが国民の政治参加であって、その後は選出された議員に委ねるべきものであり、街頭デモは政治制度上無意味な行為、あるいは議会制民主主義を揺るがす行為だといった誤解を正当化することに貢献しかねない。

3　政治参加の受動性と若者の客体性

今回の選挙権年齢の引き下げは終始政治主導で進められ、若者・国民は受動的地位に置かれていた。つまり、若者自身からの顕在的参加要求なき政治参加の拡大だった。選挙権拡大の歴史に照らして言えば、これはじつに奇妙な現象だ。

選挙権の拡大は、歴史上、政治から排除された人々の生命を賭した闘いを通じて勝ち取られたものである。時には、兵役など国家に生命を捧げることへの見返りとして、または総力戦体制づくりの一環として選挙権が与えられた。日本では、一八八九年に衆議院議員の選挙権が直接国税一五円以上を納める満二五歳以上の男子に限定して付与されたところから始まって、一九二五年には満二五歳以上の男子全員に、そして敗戦後の一九四五年には満二〇歳以上の男女に選挙権が付与された。選挙権拡大の背景には、粘り強い普通選挙運動、政治参加を求める国民の闘いがあった。

しかし、今回の選挙権年齢の引き下げは若者自身が求めたものではなく、二〇〇七年の国民投票法で投票権年齢を満一八歳と定めたことを端緒とし、成年年齢や少年法適用年齢とともに選挙権年齢をこれに合わせる意図をもって行われたものだ。この背後には、親世代より保守的であると言われる若者に投票権を付与して憲法改正を容易にしようとする意図や、成年年齢や少年法適用年齢を引き下げて自立と自己責任を徹底しようとする狙いがあったと言われている。

ただ、一八歳選挙権の承認と若者の政治参加は、今や民主主義国家の国際標準とでも言うべき状況にある。主権者国民の政治参加を性別や財産によって差別することは許されないが、年齢を社会的・政治的成熟の指標と考えるならば、年齢による参政権の制限には一定の合理性がある。しかし、ある年齢が社会的・政治的に成熟していると判断されるのに参政権を制限し続けることは、不当な差別に基づく主権者性の否定であると言わなければならない。満一八歳は政治参加を認められる程度に成熟に達していると国際的に判断されているなかで、それを承認しない正当な理由はもはや存在しないと考えるべきだろう。

この意味で、政府・与党の意図はともかく、一八歳選挙権の承認は歴史的必然と言うべきだろう。しかし、たとえそうだとしても、それが自然現象ならぬ社会現象であるかぎり、その必然性の現実化には人間集団の主体的働きかけが存在しなければならないが、若者自身の主体的運動が関与していたことを裏付ける事実はない。したがって、一八歳選挙権の制度化は、現象的には選挙権拡大の歴史的必然性の発現と判断されるかもしれないが、今のところは若者自身による主体的な政治参加の獲得を意味するものとは言えない。

若者には今後、主権者として主体的な政治参加を創り出していくことを期待したい。これは政治参加の権利をその実質において獲得することを意味し、歴史的必然性を現実化するために若者に課せられた歴史的課題である。

4　若者の政治参加の主体的条件

選挙制度に関する知識を詰め込み、模擬投票などのアクティブ・ラーニングを繰り返しても、それだけでは若者の主体的な政治参加を促すことはできない。若者の主体的政治参加または政治参加における主体性は、政治課題（政治的に解決すべき社会的課題）の認識と、問題解決のための政治参加への信念にかかっているからだ。

つまり、①日常生活への不安や不満あるいは世界（自然・人間・社会）の在り方に関する疑問や懸念の認識を出発点として、②それらを社会的に解決すべき課題として認識し政治的要求として整理するとともに、③その政治的要求の実現を政府に求め、あるいは自ら要求実現に乗り出そうとするときに、政治参加もまた自らの主体的要求であることが自覚されるだろう。そして、それらの要求が理不尽に抑えつけられるとき、政治参加は主権者に保障されるべき権利であることが認識されるはずである。

日本の若者はいま、きわめて厳しい社会的環境に置かれている。たとえば、不安定・低賃金雇用と「ブラック」が普遍化・常態化した労働環境にさらされている。しかし、こういった個人的努力では解決不能な問題に直面してもなお、自己啓発を通じて自分自身の能力や人格を向上させるほかないと信じ、忍耐・努力・体制順応に活路を見出そうとする若者は少なくない。同時に、自分自身が直面する問題の多くは社会的・政治的にしか解決できないということ、そして政府にその気がないときにこそ、政府にそれを迫る政治運動が必要だし、それによって事態は変えられるはずだ、という信念がもてなくなっている。若者の政治参加を促す客観的条件は十分すぎるくらい揃っているのに、これまでのところ若者自身には主体的条件が整っていないのだ。

しかし、安倍政権が上程した安保法案＝戦争法案の審議が参議院に移ったころから、反対運動に若者の姿が見られるようになり、若者が反対運動の牽引役を果たす場面も多く見られた。安保法＝戦争法が作り出す新しい日本が、世界の若者が互いに殺し殺される関係を強化・固定化し、戦争参加・協力を拒めない社会になること、そしてそうなってしまってからでは個人的努力ではもう逃れられないことが認識されたに違いない。このことが、選挙権の有無に関係なく、多くの若者を自主的・主体的に街頭に向かわせたのだろう。

安保法案＝戦争法案反対を起点とする若者の政治参加は、まだシングル・イシューの政治参加かもしれないが、これを起点に社会認識の枠組が広がり始めたことも見落としてはならないだろう。たとえば、たとえ法律上の徴兵制は導入されなくても、むしろだからこそ、戦争というものは、貧困や社会的差別によって不遇な地位に置かれた若者に、外国の同じような立場にある若者と殺し合いをさせるものであることが広く認識されたであろう。戦争と貧困の関係構造の認識の弱さは若者固有の問題ではないが、安保法＝戦争法を起点に現代社会の構造的認識が深まることを期待したい。それこそが政治教育の課題と考えるべきだろう。

5　教育基本法に定める政治教育――真意と曲解

教育基本法（二〇〇六年一二月二二日法律第一二〇号）の第一四条（政治教育）には、政治教育の在るべき姿について次のように定めている。

一　良識ある公民として必要な政治的教養は、教育上尊重されなければならない。
二　法律に定める学校は、特定の政党を支持し、又はこれに反対するための政治教育その他政治的活動をしてはならない。

教育基本法は戦後改革期の一九四七年三月に制定され、第一次安倍政権の下で二〇〇六年一二月に改正された。しかし、右の現行第一四条は旧第八条第一項の「公民たるに必要な」を「公民として必要な」に改めただけだから、その趣旨は旧第八条の趣旨をそのまま継承していると解すべきだろう。

重要なことは、第一項において、政治的教養を身につけるための教育は尊重されなければならないとして、政治教育の必要性を確認していることだ。この背景には、国民主権・基本的人権の尊重・平和主義を基本とする日本国憲法を定めて再出発した新日本において、国民一人ひとりの主体的政治参加によって民主政治を実現するという考えがあった。文部省の教育法令研究会はこの趣旨を次のように説いていた。

「新憲法は、主権が国民に存することを宣言し、国政の権力は国民の代表者がこれを行使することを明らかにして、真の民主主義政治の実現のための法的な基礎を築いたのであるが、この基礎の上に新国家建設の実をあげるためには、国民ひとりびとりの教養と徳性の向上が根本条件である。（中略）もし国民の、政治的教養が少く、その政治道徳が低いときは、民主政治は、あるいは衆愚政治に堕し、ひいては独裁政治を招くことになりやすいからである。（中略）政治教育というのは、このような国民に政治的知識を与え、政治的批判力を養い、もって政治道徳の向上を目的として施される教育である。（中略）全体主義国家における政治教育においては、政治的批判力を養うことより、何よりも一定の政治体制への協力的行動に導き入れることを目途とする。このような政治教育は、一方において人間の政治的自由を奪うものであるが、他方又、国家そのものを真に強化するものでは決してない(3)（後略）」

さらに、同研究会は、「良識ある公民たるに必要な政治的教養」の内容について、「第一に民主政治、政党、憲法、地方自治等、現代民主政治上の各種の制度についての知識、第二に現実の政治の理解力、及びこれに対する公正な批判力、第三に、民主国家の公民として必要な政治道徳及び政治的信念など」と説明している(4)。

先に、総務・文科両省が作成した副教材は選挙制度に関する知識と選挙における「べからず」集で構成されており、政治参加の理解が狭すぎると指摘した。教育法令研究会が掲げた三つの要素のうち、一つ目の、そのまたごく一部を扱っているだけなのだ。

教育基本法に定める政治教育は、政治に関する広く多面的な知識のほか、現実政治に対する理解力・批判力、そして「民主国家の公民として必要な政治道徳及び政治的信念」を獲得させることを目的とすると解されてきた。三つ目の「政治道徳及び政治的信念」の意味は説明されていないが、政治参加を通じて社会諸問題を解決する意思と、社会諸問題は国民の政治参加によって解決しうるという信念を言うと考えられる。

ところが、一九五〇年代に入ると、政府・与党は占領軍と協調して教員に対するレッドパージを手始めに、第二項（政治的中立性）を理由に教育公務員の政治的行為に対する不当な制限にも乗り出した。[5]この結果、学校・教員の間に、授業で社会問題や政治的主題を取り上げることへの抵抗感を生じさせ、「良識ある公民たるに必要な政治的教養」のための政治教育を手控える状況が生み出された。つまり、政治的中立性（第二項）を理由に政治教育（第一項）を制限するという本末転倒が生じたのである。

高校生に対しても、生徒会活動の活動を制限する「高校生徒に対する指導体制の確立について」（一九六〇年六月二一日、文初中三二一号）や、生徒会の連合組織結成・加盟は教育上好ましくないとした「高等学校生徒会の連合的な組織について」（一九六〇年一二月二四日、文初中五〇五号）のほか、一九六九年には「高等学校における政治的教養と政治的活動について」（一九六九年一〇月三一日、文初高第四八三号）を通知して、高校生が学校内のみならず学校外で非暴力的な政治活動に参加することまで規制し、教師が授業で政治的事象を取り上げ討論させることにも規制を加えた。

こうして、政治的な事柄について議論したり興味をもったりすることを危険視し、主権者として必要な政治的教養の獲得を阻害してきた。

したがって、選挙権を付与した後に政府が若者に対して主権者教育を計画・実施しなければならないという矛盾が生まれた背景には、政治的中立性確保を名目とする政治教育＝政治的教養教育の抑圧と、政治活動をはじめとする若者の社会活動に対する不当な規制があったと言うべきだろう。

なお、多様な見解の存在を生徒に伝え、生徒の主体的思考を刺激することは、教育上重視されなければならない。しかし、政府が教科書に書き込ませ授業で取り上げることを求める見解の中には、日本国憲法の基本原理や戦後の国際秩序を否定するものまで含まれ、政府の要求の力点はそこに置かれている。見解の多様性の承認は重要なことだが、歴史的に積み上げた国民的・国際的合意を突き崩すことを目的に多様性を捏造《ねつぞう》することは許されるべきではない。

まとめにかえて

この夏、沖縄の南部戦跡に向かうタクシーの車中、運転手が空地を指さして、「この辺りは沖縄戦で一家全滅した家も少なくありません。家の跡に仏壇を建て、今でも近所の人がお参りしています。」と説明した。「子どもや若者は受け継いでくれますか?」と尋ねると、「はい。」と答え、「そうすることで、戦争の記憶が自然と受け継がれています。」と付け加えた。「戦争はいけない、基地はいらないという気持ちも?」、「そりゃあそうですよ。」――なるほど、政治参加と政治的教養獲得の端緒は、日常の中にこそ見出されるべきものなのだ。

本章では、政府による政治教育・主権者教育への疑問や、政府が政治的中立性確保を語ることへの疑問を提示した。解釈改憲による集団的自衛権容認、そして違憲性が指摘された安保法案＝戦争法案の強引な国会通過。これらを目の当たりにすると、この疑問はさらに深まらざるをえない。

政府は今後、安保法＝戦争法をさらに具体化する施策や制度改革を展開し、安保法体制とでも呼ぶべき政治経済体制を作り上げようとするだろう。しかし、それらが進めば進むほど、日本国憲法との矛盾は一層深まらざるをえない。となれば、政府は、国民の政治参加を選挙制度の枠内に封じ込める一方で、学校教育を通じて政府見解を押し付け、政府見解に反する見解を授業で扱うことさえ抑圧しようとするに違いない。しかも、国家・政府こそ教育の政治的中立性の擁護者だと称して。

一八歳選挙権をきっかけに、政治教育やシティズンシップ教育への期待も高まっている。しかし、憲法を蔑《ないがし》ろにし、国民の声に耳を傾けない政府に、主権者教育を推進したり教育の政治的中立性について審判員の役割を果たしたりする資格があるか否かが問われなければならない。同時に、政治教育やシティズンシップ教育を論ずる研究者や、それを実践する教育者の動きも活発になっているが、その一人ひとりの姿勢もまた問われざるをえないだろう。

注

（1）教育課程企画特別部会「教育課程企画特別部会における論点整理について（報告）」二〇一五年八月二六日、三六頁。「公共」のイメージ図（同特別部会「論点整理補足資料」一一六頁）を参照。

（2）文部科学省は現在、「高等学校における政治的教養と政治的活動について」（一九六九年一〇月三一日、文初高第四八三号）を見直す作業を進めており、見直し後の新通知案の一部骨子が公表された。この内容について「一歩前進」との評価もあるが、高校生の政治活動や教師の教育活動に対する不当な制約については新通知を警戒すべきだろう。

（3）教育法令研究会『教育基本法の解説』国立書院、一九四七年、一一一頁。

（4）同右書、一一五頁。

（5）教育公務員特例法改正による教育公務員の政治的行為の制限強化と、授業で政治を取り上げることを自粛させる効果をもつ義務教育諸学校における教育の政治的中立の確保に関する臨時措置法（一九五四年六月三日法律第一五七号）の制定。

第九章　何が教育の自由と中立性を担保するか
――政治的教養教育と被教育者の政治的活動に関するテーゼ

1　参加要求なき制度的政治参加の拡大

二〇一五年六月の公職選挙法改正により、満一八歳以上満二〇歳未満の若者に選挙権が付与され、高校生の一部も新たに有権者になった。これは国民の制度的政治参加を拡大する政治制度改革として肯定的に評価すべきものである。

ただ、民衆の政治参加拡大の世界史的展開過程に照らして言えば、選挙権獲得による制度的政治参加の拡大に先行して存在するはずの一連の非制度的政治参加、とりわけ選挙権獲得のための闘いを経ることなく、いわば若者の頭越しに選挙権が付与されたという事実は見逃してはならない。当事者からの明確な政治参加要求どころか、散発的な非制度的政治参加さえほとんど見られないなかで、フルセットの制度的政治参加が承認されたのである。このため、主権者教育や政治的教養教育の充実など、政府の施策によって若者の政治参加意識を育てるという奇妙な逆転が起きている。

たとえば、参議院政治倫理の確立及び選挙制度に関する特別委員会は、「民主主義の根幹である選挙の意義等の十分な理解が進む」よう、「主権者教育及び若者の政治参加意識の促進に向けた諸施策を速やかに実施する」ことなどを政府に求める附帯決議を全会一致で議決したが、主権者教育や国民の政治参加意識の活性化に政府を関与させることには違和感を禁じえない。教師はこれまで授業で政治的な事柄を取り上げることを制限されてきたが、今後は上からの「政治的教養の教育」を担わされることになった。そして、政府は教育の中立性確保を名目に教育の自由と自律性をこれまで以上に制限しようとしている。これでは、学校教育の政治利用に繋がりかねない。

2 政治的教養教育の後退

二〇一六年七月の参議院議員選挙前には、「自分の一票を投ずべき候補者や政党をどのようにして決めたらよいか分からない」という趣旨の若者の声が多く聞かれた。「政治のことが分からない自分が選挙に参加していいのか」という誠実ささえ感じる発言には、選挙権行使への戸惑いが現れている。これに応えるように、多くの高校で、選挙制度や投票方法に関する特別授業や、選挙公報や新聞を利用した模擬投票などが行われた。政治の仕組みや選挙制度をわかりやすく解説した記事を掲載した新聞や雑誌もあった。しかし、参議院議員選挙終了を潮目に、主権者教育・政治的教養教育は急速に後退した感がある。この原因を考えると、若者の政治参加と政治的教養教育をめぐるもう一つの問題が見えてくる。

その原因は、第一に、主権者教育・政治的教養教育に自発的・主体的に取り組む教師は全体から見ればごく少数に留まり、法改正後最初の国政選挙に備えるという外在的要因がないかぎり、学校内部からこれらを率先して行おうという動きは生まれにくいことである。この背景には、教師が授業などで政治的事柄を扱うだけで「偏向教育」のレッテルを貼られかねず、学校教育において政治はアンタッチャブルな領域とされてきたという事情がある。

改憲を目指す安倍政権の下で、政府・与党関係者などによるマスコミへの露骨な介入、憲法擁護や平和主義に関する集会への公共施設使用拒否や後援拒否など、安倍政権の政治的見解に沿わないと判断される行為への露骨な抑圧が強まっている。学校教育について言えば、安倍政権は教科書に旧日本軍による「集団自決」強制や従軍慰安婦などを記述するのを制限したり、教科書への政府見解記載を強要できるよう教科書検定基準を改定したりして、教科書の記述を政権の意向に沿うよう作り替えさせている。道徳に関しては、全教科の教育目標に道徳が位置づけられただけでなく、文部科学省でさえ積極的でなかった教科化が政治主導で強行された。また、生徒やその保護者と称する人々が匿名で特定の授業を名指しで偏向教育だと告発し、自由民主党がウェブサイトでそういった密告を奨励する暴挙に出た。本来なら学校・教員を不当な支配から守るべき立場にある教育委員会がむしろ率先して攻撃する側に回ってしまう事例も少なくない。

このように、自由にものの言えない雰囲気が醸成され、教育に対する不当な支配介入を目的とした攻撃が強まるなかにあって、授業で政治的事柄を扱うことに教師がリスクを感じるのは当然であろう。また、こういった事態を感じ取って、政治的なものに関与することを忌避する生徒もいるだろう。

第二に、主体的な政治参加意識をもち、積極的に政治的活動に参加する高校生や若者も少数に留まっており、高校生自身の政治的教養に関する学習要求もそれほど強くはない。政治についてもっと学びたいという学習要求が高校生自身から表明されれば、生徒の要求に応えようとする教師が現れてくるだろうし、教育への支配介入を押し返す取り組みも活性化するかもしれないが、現状では教師のモチベーションを高める教育内在的要因は乏しい。

受験勉強のように強い外在的圧力がかかっている場合は別として、生徒の主体的な学習は生徒自身の内在的学習要求に支えられなければ成立しない。制度的か非制度的かにかかわらず政治参加の機会をもっている高校生は、自ずから政治的事柄に関する学習機会を求め、主権者教育・政治的教養教育への要求を強めるはずである。政治的教養に関する学習要求の低さは、生徒の政治的活動をほぼ全面的に禁止し、学校教育全体を通じて系統的に生徒が政治的な事柄に関心をもてなくしてきたことと無関係でない。日本の若者の政治参加や政治意識の低さの原因を日本の風土や日本人の特性に求める議論もあるが、国民とりわけ若者が政治に参加したり関心をもったりしにくい制度やしくみが張り巡らされていることは見落とすべきではない。

第三に、安倍政権は選挙権年齢の引き下げを含む公職選挙法改正案を国会に提出したものの、若者の政治参加を自らの政治的目的達成の手段と考えており、国民の主体的な政治参加を真剣には考えていない。それどころか、安倍政権中枢は、若者が親世代より保守化していると判断し、有権者に占める若者の割合を増やすことで、日本国憲法改正における国民投票を有利に運ぼうと考えていた。また、自由民主党政務調査会は「選挙権年齢の引き下げに伴う学校教育の混乱を防ぐための提言」を政府に提出して、小中高を通じた社会参加に関する教育の充実、高校新教科「公共」の創設、高校生の政治的活動の抑制、教師の政治的活動禁止の強化と厳罰化、政治家との『「顔の見える」対話』の推進を提言した。ここには、学校教育の政治利用の意図が如実に現れている。

こういった政治的意図が働いている中にあっては、主権者教育や政治的教養教育、そして政治に関与すること自体を忌避する考えさえ生まれかねない。

3　副読本に縛られない教育実践

ここまで見たように、選挙権年齢の引き下げを内容とする公職選挙法改正の裏では、若者の非制度的政治参加が活性化しないよう政治的活動を抑制しつつ、選挙や国民投票などの政治参加制度の枠内で政権の意向に沿って行動する国民を育成しようとする政治的意図が働いている。この事実認識を共有する論者は決して少なくないだろう。しかし、それだけでは現実は何も変わらない。政府を批判するだけでなく、自分自身をこの現実の一部を構成するものとして客体化・相対化し、事実を捉え直すことも必要だろう。

二つの行政文書とそれへの批判的議論の検討を通じて、このことを考えてみよう。一つは、高校生の政治的教養教育のために文部科学省と総務省が共同で作成した副読本『私たちが拓く日本の未来――有権者として求められる力を身に付けるために』（二〇一五年九月）である。これは公職選挙法の枠組みに沿って選挙制度を解説したものであり、非制度的政治参加はほぼ完全に度外視されており、若者の政治参加を選挙制度の中に囲い込みかねない内容になっている。このため、この副読本は選挙中の行為に関する「べからず集」に留まるもので、政治参加を活性化させるどころか、若者を萎縮させかねず、政治参加の活性化には役立たないという批判がある。また、政治的対立のある現実の政治的事象を題材にした授業計画を例示してほしいとか、政治的事柄を授業で扱うことについて何をどこまで扱えるか分かりやすく基準を示してほしいといった意見も聞かれる。

高校生に対する主権者教育・政治的教養教育の実施を要請する、その同じ政府が教科書検定基準改定などにより教育内容統制を強化したり、教師の教育活動に対する偏向教育攻撃を助長したりしているのだから、学校・教師が主権者教育・政治的教養教育に二の足を踏み、政治的攻撃や教育行政による管理を受けないよう予め基準を示してもらいたいと考えることは理解できないではない。しかし、主権者教育・政治的教養教育に対してできるだけ抑制を効かせようとしている政府に基準の設定を求めることは、学習・教育の自由と自律性への国家統制に無条件降伏するのと変わりない。

見方を換えて言えば、選挙制度を所管する総務省がこの副読本の作成にかかわったことで、①副読本は全体として選挙制度の解説を中心とした内容となり、②いわゆる「べからず集」部分も公職選挙法上の合法性が確保できる範囲で記述された。政治参加概念が狭すぎ、政治の意義や現状と課題を知ることは期待できないなどの問題点を差し引いてもなお、文部科学省のようにあからさまな教育介入には及ばなかったことは見落とすべきではないだろう。

もしも文部科学省がこの副読本の作成を主導していたら、高校生については公職選挙法に定める有権者の権利さえ制限できると記述しかねなかったし、主権者教育・政治的教養教育の実践例もきわめて不十分なものとなり、政府寄りの事例紹介に終始した可能性もある。高校生の政治的活動に対する文部科学省の抑制的姿勢は、都道府県・指定都市等生徒指導担当者連絡会議（二〇一六年一月二九日）での配布資料「Q＆A（生徒指導関係者向け）」に明らかである。

副読本は選挙制度学習の教材として作成されたものと理解すべきで、教師がこれをそのまま、あるいはこれだけを唯一の主権者教育・政治的教養教育のテキストとして授業を設計しようとすることこそ問題である。主権者教育・政治的教養教育の内実は、政府・文部科学省による事例紹介に依存することなく、教育の側で主体的に創造していくことが必要であろう。行政機関が作成する副読本に多くを期待すべきではなく、教育の内実は国民自身が作り出していくべきものだ。

4　一五年通知批判の問題点

もう一つは、文部科学省が二〇一五年一〇月二九日付で発出した「高等学校等における政治的教養の教育と高等学校等の生徒による政治的活動等について」(以下、一五年通知)だ。これは文部省(当時)が一九六九年一二月に発出した通知「高等学校における政治的教養と政治的活動について」(以下、六九年通知)を、大幅に改訂したものだ。

六九年通知は、学生運動の高揚を抑えるため、高校生の政治的活動を一律に禁止するとともに、政治的中立性の確保を理由に教師が授業で政治的事象を取り扱うのを制限するものだった。このうち前者に関しては、「基本的人権といえども、公共の福祉の観点から制約が認められる」と述べ、これを規制すべきものとした。その際、高校生の政治的活動が「望ましくない」理由として、①国家は未成年者が政治活動を行わないよう要請、②発達過程にある高校生が特定の政治的立場の影響を受けないよう保護が必要、③学校による政治的教養教育の目的が阻害される、④他の生徒への望ましくない影響、⑤違法かつ暴力的な政治的活動による心身の危険、⑥政治的活動への没頭による怠学や勉学意欲の喪失、を挙げていた。

また、授業で現実の具体的な政治的事象を取り扱う場合には、教師の個人的な主義主張を避けること、現実の政治的事象には教師の個人的な見解や主義主張が入りやすいから慎重に取り扱うこと、教師の見解も種々の見解の一つであることを認識し生徒に特定の影響を与えないようにすること、一つの結論を出すより結論に至るまでの理解をたいせつにすることなどを要請した。

ここで教師の個人的な主義主張と、種々の見解の中の一つとしての教師の見解との峻別は妥当であり、学校教育は教師の個人的な主義主張の場ではないとしたことも不当とは言いがたい。しかし、現実には、これを一つの契機として、教師が現実の政治的事象を教材として取り上げたり、さまざまな政治的見解を紹介したりすることさえ困難になった。

これに対して、一五年通知は高校生の政治的活動を制限しうる根拠として、学校の政治的中立性の確保、学校の教育施設性、校長の包括的管理権を挙げ、学校内・教育時間内、学校内・教育時間外、学校外に区別して、教育活動に支障を生ずる場合や自己または他の生徒の学習の妨げになる場合などには、高校生の政治的活動を制限または禁止できるとした。

これについて、六九年通知は政治参加の人権性を承認していたのに、一五年通知がこれに言及していないのは六九年通知からの後退にほかならず、一五年通知は高校生の政治的活動を全面的に禁止しているとの批判がある。しかし、六九年通知が政治参加の人権性に言及したのは、その直後にそれを全面的に否定するための前振りにすぎない。他方、一五年通知が人権性に直接に言及していないからといって、それを否定していると断定することはできない。むしろ、政治的活動であろうとなかろうと、生徒が授業時間中にその進行を妨げる行為を行ったり、放課後であっても他の生徒の学習の妨げになるような活動を行ったりした場合には、学校・教師がそれを禁止・制限して学校教育活動の正常化を図ることは当然であろう。ただし、政治的活動だけを特別に厳しく制限することがあってはならないし、政治的活動の人権性に照らせば他の活動よりも緩やかな基準で臨むことが必要であることは強調して指摘しなければならない。

また、教師の教育活動に関して、一五年通知が「特定の事柄を強調しすぎたり、一面的な見解を十分な配慮なく取り上げたりするなど、特定の見方や考え方に偏った取扱いにより、生徒が主体的に考え、判断することを妨げることのないよう留意すること」と述べていることを理由に、「教師が政党や政府の政策の科学的分析に基づく批判的検討の成果を生徒に伝達すべきでないとの姿勢を新しく示した」と批判するものもある。しかし、一五年通知は、教師が自己の見解のみを教えたりそれを一面的に強調したりすることを禁じているが、教師が生徒の考察や判断の素材として多様な見解を紹介することは是認しており、その中に教師自身の見解と同じものが含まれることを否定しているわけではない。

一五年通知には、生徒に対する校長の包括的支配権や、学習指導要領及び校長中心の学校運営の強調など、批判すべき点は少なくない。また、上記のように誤読されることで教師の教育活動を制約する根拠となる危険性をはらむ文言も多く、通知自体がその誤読を期待している可能性もある。だからこそ、研究者には、論拠に乏しい批判のための批判に終始することなく、教育委員会や学校による同通知の理解や実際の学校管理がより適切に行われるよう、政治的活動の人権性を柱とする学校・教師の行為規範を提示することが求められる。

5　生徒の自己教育と政治的活動による担保

教師や教育学者の主張の中には、教育の自由・学問の自由を根拠に科学的分析に基づく批判的検討の成果であれば、教師は、他にも多様な見解があることを紹介することなく、それを唯一の学習内容として生徒に伝達しうるとするものがある。しかし、この主張には同意しがたい。生徒の学習の自由は国家による一面的知識や価値観の教え込みだけでなく、教師によるそれにも対抗しうる法益であり、教師の教育の自由は学習権保障の要請に従う限りにおいて擁護されるべきだと考えるからだ。

では、どう考えるべきか。論点を整理しておこう。

教育の政治的中立性確保を国家権力の手に委ねれば、中立性確保を名目にした政府見解の一方的教え込みに生徒がさらされることは議論の余地がないほど確実であろう。教育の政治的中立性に対する第一義的脅威は、国家権力による教育介入によってもたらされるものであり、教育の政治的中立性確保のためには教育の国家権力からの自由が確保されなければならない（政治的教養教育と被教育者の政治的活動に関する第一テーゼ）。また、教師がその意に反して自己の政治的な主義主張の表明を強制されることがないよう、教師個人の政治的・市民的自由の保障も不可欠である（第四テーゼ）。

同時に、教育の政治的中立性確保を、教師個人の教科・教育専門性と良心だけに委ねることもまた適切ではない。なぜなら、教師の教科・教育専門性は鍛え上げるほど、その教師個人の人格の一部として統合され、その教師の個人的価値観や政治的志向性と不可分なものになると考えられるからだ。教師は生徒の思考や価値観を支配したいと考えるからではなく、教科・教育専門性や良心ゆえに自らが到達した知的成果を生徒に伝達することこそ教師としての使命であり、職業倫理上も正しいことであると考えることになるだろう。しかし、たとえそうだとしても、対立する見解が存在する事柄について教師が自らの見解だけを伝達したのでは、生徒にとっては知識や価値観の一面的・一方的な押しつけにほかならない。

ここで確認すべきことは、教育には、政治的中立性を確保するため、社会的に合意された自律的規範に則った自己規律が要請されるということだ（第二テーゼ）。たとえば、ドイツのボイテルスバッハ・コンセンサス（一九七六年）は、①教員は生徒を期待される見解をもって圧倒し、生徒が自らの判断を獲得するのを妨げてはならない、②学問と政治の世界において議論があることは、授業においても議論があることとして扱わなければならない、③生徒が自らの関心・利害に基づいて効果的に政治に参加できるよう、必要な能力の獲得が促されなければならない、という三つの規範を掲げている。

政治的中立性確保のために教育が従うべき規律は、国家権力が押し付ける規制ではなく、教育関係者内部での議論と納得を経て自律的に形成され、社会的にも合意されたものでなければならない。教師の教育活動はこの自己規律に従って行わなければならず、これからの逸脱は批判され是正されなければならない。同時に、教育がこの自己規律に則って行われているかぎり、教育委員会は外部の第三者による不当な支配から学校・教師を保護しなければならない。

さらに、政治的中立性をめぐる紛争は従来、大人の世界で処理すべき事柄とされ、中立性の確保に関して生徒には特段の役割は期待されてこなかった。役割が割り振られたとしても、偏向教育の密告者役でしかなかった。政治的判断を主体的に行うことのできる主権者を育てるための教育といいながら、また生徒個人の人格形成に深く関わる教育について論じているにもかかわらず、生徒自身を脇に置いて議論を立てることは不当と言わなければならない。

これを乗り越えるためには、被教育者である生徒には、自らが受けた教育の政治的中立性を検証する機会が確保されなければならない。この検証は、国家権力は言うまでもなく、学校・教師からも完全に独立したものでなければならず、この検証を成り立たせるため、生徒には自発的な自己教育の機会とその物的条件（学校図書館の整備やインターネットの利用など）が保証されなければならない。その際、知や価値観は主体的な実践によって現実に照らして検証されるものだから、政治的活動は生徒が自らの受けた教育を実践的に検証する不可欠のプロセスでもあり、生徒には学校内外における政治的活動の自由が保障されなければならない（第三テーゼ）。

ユネスコの学習権宣言（一九八五年）は、学習権の一側面を「疑問をもち、じっくりと考える権利」と定義している。学校教育においては、教師が教育実践として組織した学習空間（この内部では、生徒の思考方法だけでなく、生徒の脳裏に浮かぶ疑問さえ、教師によって操作されうる）の外側にこそ、学習者生徒の真に自律的な学習が成立する可能性があるのではないか。もちろん、教師が教育実践を通じて知や思考の方法を伝達することの意義は少しも否定しないし、学校の学習空間の外側には知や思考を絡め取る仕組みが網の目のように張り巡らされていることを知らないわけではない。ここで重要なことは、生徒が学校内外で獲得した知や思考方法を、誰かがお膳立てした場面やテーマに閉じ込められて行使するのではなく、自らの文脈に即してそれらを実践的に行使する機会を通じて、それら自体の真理性や政治性（否定的な意味でなく）を検証する機会が保障されなければならないということだ。この意味で、政治的教養教育における政治的中立性は、その根本において、生徒に政治的活動の自由が保障されなければ確保しようのないものであり、教育における政治的教養尊重の要請は生徒自身の政治的活動の自由保障と不可分一体の関係にある。

要するに、高校生の政治的活動は、市民的・政治的自由の行使であると同時に、実践に媒介された政治的教養に関する自己教育の機会として、生徒が自ら受けた教育を検証し、かつ教師の教育の自由と自律性を担保する契機でもある。教師の教育活動は、教師が自らの科学的分析に基づく批判的検討の成果を伝達することで完成するのではなく、被教育者である生徒自身による検証を経て初めて完結すると考えるべきだ。

本章で扱った主題は、教師の教育の自由とか学問の自由という権利論のレベルだけで決着のつく事柄ではなく、科学的に裏付けられた教育内容を前提としつつ、学習者自身の考察と納得を不可欠の要素とする教育実践と、学習者自身による理論的・実践的検証に媒介された学習との緊張関係のなかでとらえなければならないだろう。

第一〇章　憲法と民主主義を教育にいかす

はじめに

いま、安倍政権は日本国憲法の「改正」に向けて動いている。しかし、その帰趨《きすう》は国民自身の判断にかかっており、国民自身が試されることになる。国民の憲法意識はいま、どういったところにあるのだろう。

小・中学生を全国学力テストに参加させないのは教育を受ける権利の侵害だ、と主張する母親と話したことがある。その人は大勢の前で、日本は競争社会であり、学校に通う目的は競争力を身につけることにあって、日本国憲法第二六条に定める教育を受ける権利の内実は競争する権利である、という趣旨の考えを披露した。強い確信がなければ言えない言葉だが、この人の理解は明らかに第二六条の趣旨を歪曲するものだ。しかし、人生の活路を排他的競争における生き残りにしか見出せない状況に置かれている人々にとっては、学習・教育の目的は競争力の獲得であり、学校は競争の場であると考えることは、実に悲しいことだが、自然なことかもしれない。しかし、これを放置すれば、憲法の条文を少しも変えることなく、実質的な改憲が進んでしまう。改憲勢力は国民の中にある慣れや諦め、焦燥感や排他的感情につけいって改憲を正当化しようとする。ここで大切なことは、現実を理性的にとらえ、それを解決するために知性を働かせることだ。具体的な事実を通して憲法を捉えること、また具体的な場面で憲法に定める諸権利を実際に行使することが、これからを切り開く鍵になるだろう。

1 学習と教育の本質と権利性

人間にとって学習とそれを支える教育は、一個の人格として主体的に生きることに関わる個としての生活過程であるとともに、世代を経て生命と文化を受け渡す類《るい》としての生存過程でもある。そもそもサルからヒトへの進化は、そのサルたちが基底的には遺伝情報の制約を受けつつも、学習によってその桎梏を乗り越えることによって達成された。人間は学習・教育を通じて自らを創造し、社会を形成したのである。この意味で、学習・教育は人間存在の本質に関わる営みである。今日では、このような認識を基礎にして、国民には生得的権利として学習し成長発達する権利（学習権）がひとしく保障される、という学習権思想が成立している。最高裁判所は一九七六年の北海道学テ判決において学習権思想を取り入れ、一九八五年のユネスコ成人教育会議では「学習権宣言」が採択された。

読者はここで、次のように考えるかもしれない。学習・教育が人間存在にとってそれほど本質的な事柄であって、人間が人間であるということだけを根拠に学習の機会が保障されるというなら、敢えて学習・教育を法的な権利として主張する必要はないではないか、と。あるいは、逆に、現実には学習・教育の権利性を侵害する政策や行政が横行しているのだから、学習・教育の権利性は実質を伴わない建前にすぎないのではないか、と。

ここで重要なことは、人間は自らの生活・生存にとってどれほど本質的かつ重要な事柄であっても、それが不当に制限され奪われないかぎり、その重要さを認識し、充足を要求し、法的権利として行使することは難しいということだ。学習・教育が制約され奪われ、その否定的帰結を実感したとき、人間は学習・教育の意義を認識し、自らの主体的要求として自覚する。そして、公権力がその要求の実現に応じず、あるいは要求運動が公権力によって抑圧されたとき、人間はその要求内容を法的な権利として認識する。また、その要求を実現するため公権力を制御しようとするとき、自らを政治的主体として自覚できるようになる。

つまり、学習権思想は、学習・教育の権利性が現に実現しているから誕生したものではなく、逆にそれらが不当に制約され不法に奪われる現実があったからこそ、その現実を変革する思想として成立した。戦後日本に学習権思想が誕生し、多くの教育裁判や教育運動の理論的・実践的支柱になった事実は、学習・教育の権利に対する深刻な侵害が広がっていたことと符合する。

これは他の基本的人権についてもまったく同様であり、このような歴史的道筋を経て国民は自らを基本的人権の主体として、また主権者として自覚した。日本国憲法では、「この憲法が日本国民に保障する基本的人権は、人類の多年にわたる自由獲得の努力の成果であつて、これらの権利は、過去幾多の試練に堪へ、現在及び将来の国民に対し、侵すことのできない永久の権利として信託されたものである。」（第九七条）と確認している。

人権主体教育・主権者教育においては、①世界（自然・人間・社会）の科学的認識、②人間的価値の自覚と考察、③自他の要求の自覚と調整、が追求されるべきだろう。それ自体として高い人権侵害性が疑われる「特別の教科　道徳」は、考え話し合う活動を工夫することによって、①まだ明確な自覚には至っていない自分自身の人間的要求を認識することで人権主体として成長する端緒をつかみ、②自他の要求を認め合い必要なときは調整し合うことで主権者性を育む教育実践に転換させる努力が必要だ。

2　教育を受ける権利と教育の機会均等

日本国憲法には教育について直接規定した条項として第二六条がある。同条は、第一項で国民一般の教育を受ける権利を、第二項で保護者の教育を受けさせる義務と義務教育の無償を定め、すべての国民に対してひとしく教育を受ける権利を保障している。分節化して言えば、①戦前においては臣民の義務とされた教育を国民の権利へと転換し、②すべての国民においてその権利が充足されるよう必要な施策を積極的に講ずることを国家に義務づけたのである。これを受けて、教育基本法（旧第三条、新第四条）では、教育の機会均等を基本理念とする教育制度を樹立することとしている。

「すべて国民は、ひとしく、その能力に応じた教育を受ける機会を与えられなければならず、人種、信条、性別、社会的身分、経済的地位又は門地によって、教育上差別されない。」（新第四条第一項）

この規定は、①人種・信条・性別・社会的身分・門地などによる差別禁止（日本国憲法第一四条、法の下の平等）にとどまることなく、②経済的地位による教育上の差別禁止と国家の積極的施策による経済的地位を理由とする教育上の差別解消、③能力を理由とする教育上の差別禁止と能力の発達の必要に応じた教育の保障、を定めたものと解される。仮に教育を受ける権利が上記②を含意しないとすれば、公費支出による高校・大学無償化はもとより、義務教育における教科書無償や就学援助さえ存続が危ぶまれる。また、③を含意しないとすれば、能力（障害を含む）による差別・選別を容認する一方、いわゆるグローバル人材育成に重点化した教育制度への再編を許容することになりかねない。

戦後日本の公教育の発展は、一面において、国民の学習・教育要求の質的・量的拡大を基礎として、教育を受ける権利を充足させるべく教育制度を整備する過程であった。しかし、他面において、戦後日本の公教育は、日本資本主義の復活・発展に対応して、時々に必要とされる労働力を産業界に供給するとともに、資本主義的大量生産・大量消費を支える消費者を創出することなど、経済・産業界からの要求に忠実に応えてきたことも見落とせない。教育の機会均等は、教育を受ける機会をすべての国民に平等に保障する制度原理であるとともに、資本主義的生産に必要な人材を国の隅々から発掘し資本主義的生産過程に供給する教育制度を基礎づける原理でもあった。このため、戦後日本の公教育はこの二つの相矛盾する要因を内包し、その葛藤の場であった。

しかし、この二〇年ほどの間に、新自由主義的構造改革プロジェクトが公教育の領域でも本格的に展開し始めたことにより、教育の機会均等をめぐる状況が著しく変化している。このプロジェクトの要は、①公教育・社会保障など社会権保障に関連する国家財政支出を削減する一方（福祉国家的国民統治に要するコストの削減）、②国家財政支出の目的を資本の国際競争力強化（資本蓄積）に一層重点化するとともに、③公的・公共的サービスを私企業の利潤獲得手段に転換することにある。公教育の領域では、学校統廃合、特定機関への公教育費の重点配分、公立図書館などの営利企業などへの管理委託、といった形で展開している。これにより、教育機会の不平等化が事実として急速に進行している。また、これに伴って、教育を受ける権利から本来の意味が脱落または希薄化して、排他的・競争的教育制度の下で有利な学校を選択する権利とか、受験における得点力の向上に役立つ教育を受ける権利というような読み替えが起きている。国民の憲法意識が新自由主義的社会文脈に照応するものに変質させられつつあることに注意を払うことなく、現行憲法の条文を擁護するだけでは、憲法の内実が抜け落ちてしまうのだ。

3　学習・教育の自由

憲法に定める基本的人権としての自由は、国家成立以前から存在する人間に固有の権利として公権力からの自由を意味し、その自由の領域における公権力の不作為を求める権利である、と主張されてきた（自然権論、天賦人権論）。学習・教育の自由もそのひとつである。学習の自由とは、公権力による学習の目的・目標・内容・方法などの不当な押し付けを退け、それらを国民自ら選択する自由である。たとえば、学校において特定の政党を支持しまたは反対する教育が行われたときは、国民はその教育を甘んじて受ける必要はなく、それを拒否する権利を有する。また、教育の自由とは、親が子を教育するとき、公権力による不当な介入を受けない自由であり、今日では学校教員・社会教育主事などの教育専門職の公権力からの自律性の意味にも理解されている。

しかし、現実には国家による学習・教育に対する不法・不当な支配統制は、教科書検定による知の統制、学習指導要領による教師の教育実践の統制、保護者・住民の教育意思の系統的排除、PDCA目標管理体制など、止むところを知らない。そして、いままた、道徳の教科化という形で、国家による特定価値押しつけが顕在化しつつある。

ところで、学習・教育の自由は公権力による学習・教育への不当な支配に対抗する法理として重要であるにもかかわらず、日本国憲法には学習・教育の自由について直接定める条項は見出せない。諸外国の憲法もほぼ同様の状況にある。このため、日本では、教育を受ける権利の背後には憲法以前の生得的権利として学習し成長発達する権利が保障されるとの観念が存在するとして、あるいは幸福追求権、思想良心の自由などを援用することで、学習・教育の自由が承認されなければならないと主張されてきた。

学習・教育の自由条項の不在は、近代憲法の自由権が、市民的自由の領域への国家の不介入・不作為を求める権利であることと深く関連している。つまり、学習・教育の自由という場合、学習・教育の領域への国家の介入を排除して、その自由の領域において学習・教育を営む主体は国民自身である。ただし、近代市民社会において現実にその自由を享受できたのは、金銭的に国家に依存することなく学習・教育の場として私教育を作り出す力をもったブルジョアジーだった。したがって、その場合の教育の自由とは、家庭教育の自由、私立学校設置の自由、私立学校選択の自由を意味することになる。つまり、ブルジョアジーは自らの子弟教育を、国家による大衆教育に依存することなく私教育として確保する自由を獲得したのであり、またその自由を享受できたのはブルジョアジーだけだった。他方、農民・労働者を中心とする民衆は、国家が何らかの形で関与する公教育制度に依存するほかなく、そこには学習・教育の自由の保障が当然には及ばなかった。

二〇世紀に入ると、資本主義の矛盾と労働者階級の勢力拡大を反映して、自由権と制限的な参政権を柱とする近代ブルジョア憲法の修正が始まった（修正ブルジョア憲法）。日本国憲法はその一つとして、生存権・教育を受ける権利・労働権・労働基本権（第二五～二八条）を明示的に保障する憲法である。これらは、資本主義の本質的矛盾の体制内的解決形態として、社会経済的に不利な地位にある民衆に人間らしく生きられる権利を保障するため、国家に社会経済諸過程への積極的な関与を義務づけるものである。

しかし、現実には、国家はこれらさえも契機として社会経済的諸過程への不当な介入を強めた。たとえば、戦前は教育を天皇に対する臣民の義務と位置付けていたのに対し、戦後は教育を国民の権利としたが、その権利保障のための教育条件整備（教育機会均等と教育水準の維持向上）を理由に教育内容統制が正当化されている。

ここで、学習・教育の自由が十分機能しないのは、憲法上の自由は今日でもなお、市民の自由な活動領域への国家不介入を意味し、その自由な活動は市民自身が担い、したがってその活動を支える物質的・財政的基盤は国家に依存することなく、市民社会内部で調達しなければならないと理解されていることによる。これを反対側から言えば、社会権保障の対象領域にも市民的自由を確保するためには、近代ブルジョア憲法の自由権とは異なる自由の論理を創造する必要があるということになるだろう。

国家が関与する公教育に学習・教育の自由を確保する論理として、学校選択論やチャータースクール制度が存在する。前者は、学校を公費で設置運営する仕組みを維持したまま、個々の児童生徒・保護者による学校選択を認めることで、学習・教育の自由が確保できるとするものであり、後者は従来の公立学校とは異なる理念・方針に立って私的団体等が公費を受けて公立学校を設置運営することを認める制度だ。これにより、公立学校教育への国家関与を排除しつつ、一般市民が上記ブルジョア的自由として学習・教育の自由を享受できるというわけだ。しかし、これらは、学習・教育の目標を市場的価値の高い労働力の創出・獲得に同期させているため、教育はこれに照応する目標管理と評価制度によって統制され、国民もまた排他的な学力・学歴獲得競争に駆り立てられている。したがって、これらの制度においては、学習・教育の自由そのものがすでに囚われの身となっており、ここに真の自由を見出そうとする試みに展望はないだろう。

4 「特別の教科　道徳」と道徳教科書の人権侵害性

最後に、道徳教育を例に考えてみよう。

小学校では二〇一八年度から、中学校でも二〇一九年度から「特別の教科　道徳」が始まる。学習指導要領には遵法精神、国を愛する態度、畏敬の念など、二二の内容項目が書き込まれ、すべての項目を繰り返し取り上げることとしている。文部科学省はこれらを徳目とは呼んでいないが、「生徒が自ら道徳性を養う」ときはこれらから「課題や目標を見つけ」るよう仕向けよ、と言う。また、授業中に考え話し合う機会を作ることとしているが、その話し合いのゴールがあらかじめ決まっている以上、考え話し合う機会は児童生徒に結論を巧みに押し付ける手段に転化しかねない。この教科固有の問題として、児童生徒の思想良心の自由に対する高い侵害性が懸念される。子ども・若者が思想良心の形成途上にあることを考えると、その侵害性は大人に対する場合に比べはるかに深刻である。

また、この教科の学習成果を客観的に評価することは原理的に不可能だ。他の各教科はそれぞれ、何らかの学問的知見を基礎にして、学校教育として取り上げるべき指導内容を選択して教育課程基準を作成することが可能だ。しかし、基礎となる学問をもたない「特別の教科　道徳」の指導内容は、支配的価値観の中から恣意的に選択されているにすぎず、児童生徒の考えに正解・不正解の判定をすることは原理的に不可能であり、評価基準や評価結果が恣意的なものとなることは避けがたい。

ところが、小学校については一社、中学校については二社の教科書に、児童生徒に二二項目それぞれについて五段階または四段階での自己評価を記入させる頁がある。他の教科では、自分の学習状況や学習課題を自己評価させることは指導上意義が認められる場合がある。しかし、道徳の場合、①特定の価値観を評価基準として押し付けること、②自己の内心に関する評価を他者＝教師に開示させるだけでなく、誰でも簡単に見られる状態におくこと、③徳目へのさらなる自発的同調が努力目標として押し付けられること、といった問題を孕んでいる。これは幸福追求権、人格の自由、内心の自由、プライバシーの権利の侵害にほかならない。

これでは、たとえ外形上は主体的な自己評価に見えても、その根本において、また出発点ですでに児童生徒の主体性が否定され主体的に自己を形成する権利と機会が奪われてしまう。このため、百歩譲って教科書検定制度自体が違憲でないとしても、この頁を削除または根本的に修正させることなく合格と判断したことには違憲の疑いが濃い。

この教科書に自己評価を記入させられる児童生徒及びその保護者だけでなく、この教科書を用いて授業する教師や指導主事も、この教科書の違憲性を裁判に提起する当事者になりうるだろう。憲法と民主主義は当事者自身が立ち上がることで現実を動かす力となり、またそれを通じて擁護される。

V　大衆的高等教育の創造

第一一章　国立大学法人における大学自治の復興

はじめに

平野博文文部科学大臣は、二〇一二年六月四日の国家戦略会議に「社会の期待に応える教育改革の推進」を提出し、「日本の未来を支える人材」への投資と「社会を生き抜く力」や「高付加価値を創造できる力」の育成のための教育改革を推進すると説明した。

さらに、翌五日には、文部科学省は「大学改革実行プラン――社会変革のエンジンとなる大学づくり」を公表した。これは「激しく変化する社会における大学の機能の再構築」と「大学のガバナンスの充実・強化」を目標に、⑴大学教育の質的転換と大学入試改革、⑵グローバル化に対応した人材育成、⑶地域再生の核となる大学づくり構想の推進、⑷世界的な研究成果とイノベーションの創出、⑸国立大学改革、⑹大学改革を促すシステム・基盤整備、⑺財政基盤の確立とメリハリある資金配分の実施、⑻大学の質保証の徹底を進める、というものである。

これらは、公教育制度を丸ごと国家戦略遂行の手段とし、グローバル人材として使える国民とそうでない国民とを選別していくプランである。

大日本帝国は一九四五年の敗戦まで富国強兵政策のもと、臣民を帝国繁栄の手段とすべく、公教育を国策遂行の手段とした。「大学改革実行プラン」の高等教育像は、「未来を支える人材」への投資という文脈で公教育を捉え、公教育を国家戦略遂行の手段に作り替えようとしている点で敗戦前の公教育と変わらない。日本の公教育は、政府が公教育をほしいままにした過ちへの反省のうえに再出発したものであり、政府のこうした動きは最も警戒しなければならない。

ところが、「大学改革プラン」による新たな予算配分を期待し、これに乗り遅れまいとする動きも目立つ。この背景には、法人化以降いっそう厳しくなった大学財政がある。国立大学法人に交付される運営費交付金（教育研究経費相当分）は、二〇〇四年の一兆二三六九億円から削減されつづけ、二〇一二年度は、復興特別会計経常分を含めても九三二〇億円にまで減少している。

国立大学法人は、競って政府のプランに乗ることで新たな予算を確保しようとしているのだが、これでは国立大学が自ら国策大学化の途《みち》を突き進んでいるというほかない。

大学・高等教育は、時の政治権力や社会的・経済的権力から一定の距離を保ち、学問的真理の追求と新しい価値の創造を通じて国民に奉仕するものであり、運営費の約半分を国民の納税に依存する国立大学には、とりわけ強くこの自覚が求められるはずである。国民に代わって高等教育への予算配分を担う政府にも、この自覚がなければならない。

しかし、今日の国立大学法人制度は、こういった大学・高等教育のあるべき姿、また大学・高等教育と政府との本来あるべき関係を、突きくずす仕組みとして働いているように見える。

これに対抗するためには、国立大学が今どのような状態に置かれているかについて正確な理解を広く国民的に共有することが重要だろう。ただ、ここでは、国立大学の実情を具体的に紹介し、その問題点を指摘するのではなく、(1)法人化の意味と(2)国立大学法人の「自主性・自律性」をあらためて検討し、国立大学法人制度に内在する問題点を明らかにしたいと思う。

1 「法人化」の意味

(1) 国が設置する大学から、国立大学法人が設置する大学へ

学校の設置形態には国立・公立・私立があり、国立学校は国、公立学校は地方公共団体、私立学校は学校法人がそれぞれ設置する学校である（学校教育法第二条）。

国立大学は、二〇〇四年まで、国立学校設置法により国が（「政府が」でなく！）設置する学校の一つだった。しかし、国立大学法人法の施行により、国が自ら設置する学校（文部科学省所管外を除く）はもはや存在せず、国立大学は「国立大学法人によって設置される大学」（国立大学法人法第二条②）となった。

その際、「国立大学法人」は、「国立大学を設置することを目的として、この法律の定めるところにより設立される法人」と定義され（同法第二条①）、国立大学法人と国立大学は「学校設置者

とその設置する学校」という関係にある。この意味で、「国立大学法人化」とは、国立大学の設置形態が〈国─設置・管理→国立大学〉から〈国─設置・管理→国立大学法人─設置・管理→国立大学〉へと転換したことを意味する。

また、学校教育法第五条には設置者管理主義・設置者負担主義の定めがあり、国公私立の別にかかわらず、学校は、その設置者が自ら管理するとともに、その経費は法律に特別の定めがないかぎり設置者が負担することとされている。

法人化前の国立大学は、設置者である国の管理の下に置かれ、文部省・文部科学省の所轄に属していた。ただし、大学が国および設置者に対して「学問の自由」を実効的に行使しうるよう、日本国憲法に定める「学問の自由」は国および設置者には禁欲的自己抑制を要請している。

法人化によって、(a)国立大学は、国が設置・管理する大学から国立大学法人が設置・管理する大学となり、(b)国が国立大学の管理・運営に直接関与することはできなくなったとされる。しかし、それは法制上の形式に過ぎず、実質的には中期目標・中期計画や運営費交付金の制度を通じて、権力的支配の実質をともなう管理が続いている。

(2) 国立大学法人と国立大学の一体的管理

国立大学法人法に照らして言えば、国立大学の法人化とは、国が設置する大学から、国立大学法人が設置する大学への転換であった。しかし、われわれの日常的な言葉遣いとして、「国立大学法人化」は、国立大学が国立大学法人に転換したことを指すことが多い。つまり、「法人化」という概念をめぐって、国立大学の法制上の設置形態と、それに関する日常的理解との間には乖離が存在している。法制上は、国立大学法人と国立大学は、設置者とその設置する学校という関係に置かれているにもかかわらず、国立大学と国立大学法人は、その実質においては一体のものとして扱われているのである。

しかも、学長が国立大学法人の長であると同時に国立大学の長であるというように[1]、国立大学と国立大学法人との一体的運営には組織的根拠が与えられている。したがって、国立大学と国立大学法人とは観念的には区別されるものの、設置形態の転換はほぼ虚構に近いものといわなければならない。つまり、あるときは国から自主的・自律的に自らの責任で運営する法人だとされ、あるときは国立大学法人化以前と変わらず政府の管理下に置かれているのである。

こうして、「法人化」の形式的意味とはまったく反対に、政府は国立大学法人に対する管理を通じて、本来なら管理が及ばないはずの国立大学を実質的に管理することにほぼ成功している。

2　「自主性・自律性」イデオロギー

（1）「法人化＝脱行政機関化」

国立大学の法人化は、「国立大学の運営の自主性、自律性や自己責任を大きく前進させ、世界的水準の教育研究を展開していく[2]」との理由を掲げて進められた。法人化当時、そのメリットとして、(a)単年度主義の予算制度からの解放、(b)人事院勧告に左右されない労働条件の自主的決定、(c)公務員定数管理からの除外などが強調され、それらを国立大学への福音と捉えた国立大学関係者は少なくなかった。

国立大学の法人化は当初、独立行政法人制度をそのまま国立大学に適用するものとして構想されていたため[3]、国立大学の学長で組織する国立大学協会（国大協）も、これに反対する意向を示していたが、二〇〇〇年五月一九日の国大協理事会で蓮実重彦会長は、「文部省と一緒によりよい法人化を目指そう」と述べて、法人化容認への方針転換を表明した。

これを露払いとして、一週間後の二〇〇〇年五月二六日には、国立大学長・大学共同利用機関長等会議で、中曾根弘文文部大臣が、臨時教育審議会（臨教審）や大学審議会（大学審）の答申に基づく改革を自賛しつつ[4]、「設置形態に由来するところの改革の限界点」が見えてきたとして、法人化の必要性を強調した。

設置形態に由来する限界について、「大臣説明」は次のように述べている。国立大学は、「国の行政組織の一部」として「文部省の附属施設（施設等機関）」に位置づけられているため、行財政上の限界に直面しており、この設置形態のままでは「文部大臣の広範な指揮監督権の下に置かれる状況」から逃れることはできず、「規制緩和」を進めたとしてもその実を得ることはできない、と[5]。そして、その打開の途が「法人化」だと言う。

「今回、大学改革の方策として、また、行政改革に資するものとして、国立大学の独立行政法人化の問題が提起されたところであります。従来の行財政的諸規制の大幅な緩和・弾力化という改革手法に限界が見えるなかで、大学の教育研究システムや組織運営の自主性、自律性や自己責任を大きく前進させ、世界的水準の教育研究を展開していくためには、今こそ、国立大学にふさわしい形での法人化の可能性について、真剣に検討する時期にあると受け止めるべきではないでしょうか(6)」。

国立大学が「国の行政組織の一部」＝「文部省の附属施設（施設等機関）」であるかぎり、行財政の規制緩和が進んでも、国立大学の自主性・自律性は確保できないから、脱行政機関化＝独立行政法人化によって「教育研究システムや組織運営の自主性、自律性や自己責任を大きく前進させ」ようというのである。

「大臣説明」は、(1)国立大学における学問の自由・大学自治に言及することなく、「教育研究システムや組織運営の自主性、自律性や自己責任」が強調されていること、(2)その前提として国立大学を行政機関ととらえ、法人化を脱行政機関化と説明している。しかし、「国立大学の法人化」の実相はむしろ「国立大学の行政機関化」だったのではないだろうか。

(2) 国立大学は行政機関だったのか

国立大学は、行政機関の一部として文部大臣の指揮監督権の下に置かれており、自主性・自律性を獲得するには法人化による脱行政機関化が必要だと「大臣説明」は言う。しかし、そもそも、法人化前の国立大学は行政機関だったのか。文部省は何を根拠にそう言ったのだろう。

その根拠の一つは、当時の国立学校設置法の「文部科学省に、国立大学を設置する。」（第一条①）との文言だろう。この奇妙な条文は、国立大学は文部省の内部組織として設置されたものであり、国の行政機関の一部を構成していると読まれ、「国立大学＝行政機関」の論拠にされた。

しかし、この条文は「大臣説明」のわずか一週間前（二〇〇〇年五月一九日）の同法改正で急造されたものだった。改正前の条文は「この法律により、国立学校を設置する。」とされ、国立大学とその所在地を列挙した別表が添えられていた。そして、これに続く同条②には、「国立学校は、文部大臣の所轄に属する。」との定めがあった。つまり、旧条文は国立大学は国が設置しその管理は文部省が受け持つことを定めていたに過ぎず、国立大学が行政機関として文部省に属していると解する余地はまったくなかった。

国立大学を行政機関と決めつけ「法人化による脱行政機関化と自主性・自律性の獲得」という論理は、旧条文の下では成り立たない。このため、上記改正は是が非にも必要だったのである。

二つめの根拠は、法人化当時、文部省設置法には「別に法律で定めるところにより文部科学省に置かれる施設等機関で本省に置かれるものは、国立学校とする。」（第一九条）と定め、国立大学を文部省本省の内部組織に位置づけていたことだろう。

「施設等機関」とは、行政機関に置かれる試験研究機関、検査検定機関、文教研修施設、医療更生施設、矯正収容施設および作業施設を言い、現在文部科学省関係の施設等機関としては、国立教育政策研究所と国立科学技術政策研究所があるが、国立大学をこれらと同列に扱い、行政組織に組み込む形式をとったことはいかにも失当であろう。

しかし、国立大学を施設等機関としたのは、中央省庁等改革の一環として成立した文部科学省設置法（一九九九年七月一六日制定、二〇〇一年一月六日施行）からで、それまでは、「本省に国立大学を置く。」（旧文部省設置法第八条）としていた。さらに、一九八四年四月一二日の文部省設置法改正前までは「文部大臣の所轄の下に、国立の学校及び次の機関を置く。」（第一四条）と定め、国立大学は明々白々、文部省の組織から独立して設置される教育機関だった。(7)

このように、一九八四年、一九九九年、二〇〇〇年の三度の法改正を経て、国立大学があたかも文部省の内部組織、行政組織の一部であるかのような形式が整えられたのである。少なくとも一九九九年と二〇〇〇年の法改正には、「行政機関である国立大学を法人化することで、自主的・自律的な運営ができるようにする」という論理を強引に作り出す意図があったのであろう。

しかし、たとえ行政組織法上「国立大学＝行政機関」といった形式を整えたとしても、国立大学の教育研究機関性は否定できず、学問の自由・大学自治は確実に保障されなければならない。

（３）国立大学法人の「自主性・自律性」

国立大学法人法には、「国は、この法律の運用に当たっては、国立大学及び大学共同利用機関における教育研究の特性に常に配慮しなければならない。」（第三条）との定めがある。これに関して、文部科学省は、独立行政法人通則法の枠組みを利用して国立大学を法人化したが、国立大学法人法では教育研究機関としての自主性・自律性が十分に確保されていると主張している。

しかし、独立行政法人通則法にも「業務運営における自主性」配慮（第三条③）の規定があり、独立行政法人には主務大臣から指示された中期目標を達成するための自主的な法人運営が求められている。つまり、上記の「教育研究の特性」は「業務運営における自主性」配慮における注意点を示したに過ぎず、国立大学法人の自主性・自律性は独立行政法人のそれと基本的に同質なものでしかないと考えなければならないだろう。

現に、効率化係数による運営費交付金の一律削減に見られるように、政府の行政改革の論理が独立行政法人と同じように適用され、「教育研究の特性」への配慮がなされてきたとは言いがたい。

国立大学法人制度が、学問研究やそれにもとづく高等教育の自律的発展を目的としたものではなく、行政のスリム化・効率化を目的とする新自由主義的行政改革の一環として生み出されたものであることを再確認しておきたい。

新自由主義的行政改革は、(a)国が保障しなければならないナショナル・ミニマムの引き下げ、(b)自由競争に対して抑制的に働く規制の緩和撤廃、(c)競争の結果生ずる格差の是正緩和を内容とする制度の縮小撤廃を目的とし、同時に、関連する組織の縮小撤廃を内容としている。

その目玉の一つとも言える独立行政法人制度は、従来、国が担ってきた現業的業務を、それを担う行政組織ともども国の組織から切り離すことで、行政コストの削減とともに、当該業務の民間市場への開放（当該業務からの行政部門の撤退）を進めることを狙いとしている。国立大学法人の運営費交付金の削減や、統廃合やいわゆるアンブレラ方式による国立大学の統合は、この法人化の主要目標の一つと見るべきだろう。

しかも、新自由主義的行政改革は、(a)政府がコントロールしようとする組織を恒常的な財政欠乏状態に置くことで、当該組織の目標設定における政府の優位性を確保しつつ、(b)当該組織には「自己責任」サンクションを背景とする目標達成義務を課すことで、(c)当該組織をリストラ（部局再編）とコスト・カット（正規職員の削減や賃金カット）を「自主的」に進めざるをえない地位に置く。国立大学は今まさにこの状態にある。

国立大学法人の「自主性・自律性」は、「強いられた自主性・自律性」でしかなく、恒常的な財政欠乏状態のもとで、教育研究の縮小や職員給与の削減を進めつつ、政府の国家戦略に応答する教育研究への重点化が始まっている。

このように見てくると、国立大学法人法に定める「国立大学法人の自主性・自律性」尊重規定は、国立大学における教育研究の自由や、学問研究の論理に則った国立大学の自治的運営を確保するためにはほとんど機能していないことは明らかであろう。

法人化前後から「我が国には元々大学自治などなかった」という言葉を耳にするようになった

が、国立大学法人制度の下で国立大学の自治を取り戻すためには、学問の自由・大学自治の現代的復興が求められているのではないか。

まとめにかえて

国立大学には、本来、学問の自由（日本国憲法第二三条）の下で大学自治が保障されなければならない。大学における教育は、教員による恒常的な研究活動を基盤としなければ成り立たず、学生の学習活動も高度な学習（higher learning）として研究的・創造的な学習活動でなければならない。

大学が、教育研究を通じて国民に対する使命を果たすうえで、学問の自由・大学自治の保障は不可欠である。しかし、「大臣説明」が「学問の自由」および「大学自治」に言及することなく、法人化＝脱行政機関化による「自主性・自律性」確保に終始しているように、法人化の過程および法人運営において、この憲法的要請は完全に無視されてきた。

ただ、国立大学法人法では、国立大学と国立大学法人とを区別しつつ、国立大学法人を管理するための制度を定める一方、前者については直接規定していない。これは、この法律で国立大学の管理について定めようとすれば、学問の自由・大学自治に牴触しかねないことを、政策当局も自覚している証左かもしれない。

政府は、国立大学における教育研究について、直接規定するのを巧みに回避しつつ、国立大学法人管理制度を通じて国立大学における教育研究を法人化前よりも強化することに、ある程度、成功したと言わなければならないだろう。

しかし、政府がいう「国立大学法人の自律的運営」は、政府が指示または承認した目標達成のための「自発的」経営努力が制度的に強要するもので、国立大学は自らの手で教育研究の論理をねじ曲げさせられることになる。

そうであればあるほど、学問の自由・大学自治が国立大学法人制度の急所であることがあらためて確認されるべきで、国立大学は教育研究機関としての自治を掲げて政府による法人管理と対峙することが必要だろう。「国立大学法人の自律的運営」という論理から離脱するため、「国立大学の自治」への国民的合意と制度的保障の途《みち》を探ることが今日的課題と言うべきだろう。

注

（1）大学法人法では各法人が設置する国立大学もこの法律で具体的に規定しており、国立大学法人には学校法人のような学校設置の自由は認められていない。

（2）「国立大学長・大学共同利用機関長等会議における文部大臣説明」二〇〇〇年五月二六日。

（3）中嶋哲彦「国立大学独立行政法人化の問題」『大学と教育』第二七号（二〇〇〇年四月）四—一七頁。

（4）臨教審・大学審以降の大学改革には多くの問題が指摘されている。たとえば、「臨教審と高等教育『改革』〈大学問題シンポジウム〉」『日本の科学者』第二一巻一一号（一九八六年）、浜林正夫「大学の自主改革と臨教審」『日本の科学者』第二二巻一〇号（一九八七年）、「〈特集〉大学審答申と大学改革」『日本の科学者』第二六巻一二号（一九九一年）、細井克彦「大学審答申『21世紀の大学像』——効率主義の行方」『日本の科学者』第三四巻一号（一九九九年）など。

（5）「国立大学長・大学共同利用機関長等会議における文部大臣説明」二〇〇〇年五月二六日。

（6）同右（5）。

（7）文部大臣が国立大学の所轄庁としたからといって、文部大臣に国立大学に対する指揮監督権を認めたことにはならない。

第一二章　「大学の大衆化」と高等教育政策のゆくえ
——「大学が多過ぎる」論から考える

1　問題の焦点は多過ぎることか？

学校基本調査によれば、二〇一二年度における大学・短期大学への進学率（過年度高卒者等を含む）は五六・二パーセント、うち大学進学者は五〇・八パーセントに達している。これを「大学全入」と呼び、大学生の学力水準の低下を懸念する論者がいる一方、定員割れによる経営危機に直面する大学・短期大学も少なくない。ここから、「大学が多過ぎる」という議論が生まれてくる。

二〇一二年一一月の田中眞紀子文部科学大臣の大学設置不認可発言もこの文脈上にある。田中氏が個別事案に関して唐突に「不認可」と発言したことには批判が集まったが、これを大学過多に関する問題提起と受け止めて高く評価する見解も聞かれた。文部科学省は当該大学の設置を認可する一方、大学設置認可の在り方の見直しに関する検討会を設置し、「大学教育の質の向上を図るため、大学設置認可の在り方の見直し」に向けた検討を始めることで混乱の収拾をはかった。[1]
しかし、田中氏の立論には次のような疑問を提起しうる。
①二〇一二年度における大学在籍者は約二九〇万人を超え、この四半世紀で約一・五倍に増大した。これを詳しく見ると、大学進学者増大の裏側では短期大学・専修学校進学者の著しい減少が起きていることが分かる。また、大学の増大は短期大学・専修学校の減少と表裏の関係にあって、中等後教育に占める大学の割合が増大している。旧帝大的大学イメージを基準にすれば大学教育の質的低下と捉えられるかもしれないが、大学と大学で学ぶ若者の増大自体は中等後教育の質的向上として、あるいは少なくともその発展可能性を示すものとして肯定的に評価すべきではないか。
②私立大学の四六パーセントで定員割れが生じ、多くの大学が経営悪化に直面しているのは事実だが、その原因を大学が多過ぎることに求めるのは少々早計ではないか。定員割れの対極には、水増し入学の常態化という事実がある。大学の設置認可時には収容定員に応じた施設設備の整備や教員の確保が要求されるのに、一旦設置が認可されると、収容定員の一・二倍までの水増し入学ならペナルティーが科せられることはない。日本私立学校振興・共済事業団を通じて交付される私学助成金（私立大学等経常費補助金）が減額されることもない。このため、私大経営者は収容定員の二割増しの収入を見込んで経営計画を立て水増し入学を常態化させている。
しかし、収容定員を越えて入学させればさせるほど、学生一人当たりの教員数が低下するなど、

大学教育の質的低下を招きかねない。しかも、水増し入学は他大学を存立の危機に追いやり、そこに学ぶ若者の教育条件を悪化させてしまう。大学教育の質を問うなら、水増し入学なしで充実した教育研究を維持できるよう、私学助成制度を改善することが必要だ。

③大学進学に伴う高額な学費負担が、若者の大学進学を抑制している現実もある。授業料や奨学金の制度が改善されれば大学に進学したいと考える若者はまだまだいる。[2] とすれば、大学が多過ぎるのではなく、学費とその負担制度を含む大学制度が、社会・経済的に不利な地位にある若者の学習要求・進学要求に対応できていないと言わなければならないのではないか。欧米の中等後教育進学率の高さ、授業料無償または低学費、そして奨学金制度の充実を踏まえて言えば、高等教育費の家計負担構造、高等教育費の高騰、奨学金の学生ローン化といった問題にこそ焦点をあてるべきだろう。

表面的に見れば大学過多と解釈されてしまいかねないが、その背後には「大学が多過ぎるから、新増設を制限する」とか、「大学教育の質や学生の学力が低下しているから、質保証や出口管理の厳格化が必要だ」というような議論には解消されない課題が潜んでいることが理解されるべきだ。

2　大学設置の抑制方針

大学進学率の変動には多くの要因が複雑に作用しており、政府といえどもねらいどおりに進学率を制御することは容易ではないだろう。政策的に進学率を制御しようとしても、若者や親たちに受け入れられなければ、その意図を実現させることは難しい。政府・文部省（当時）はどのようにして大学進学率を制御しようとしてきたのか。そして、「大学が多過ぎる」と評価される現状はどのようにして現出したのか。

政府は、主として大学・学部の設置認可制度を通じて大学の収容定員を制御することで、大学進学率の上昇傾向に対して抑制的に介入してきた。この介入方法は大学進学要求を抑制する手段としてある程度は有効に働き、後述するように、文部省はこの方法で一九九〇年代初頭まで大学進学率を三〇パーセント未満に押さえ込んでいた。しかし、それは「受験戦争」と言われるほど激しく厳しい進学競争を招き、受験至上主義的学習・教育によって知の劣化を招いたり、社会経済的に不利な階層の大学進学を困難にしたりするマイナス効果を伴うものだった。また、初等中等教育における学習・教育にも歪みをもたらした。

時系列に沿って整理してみよう。戦後日本の大学進学率は、一九五〇年代半ばの約八パーセントから徐々に上昇し、一九七〇年代初頭には二〇パーセントに達し、その数年後に二五パーセントを超えた。文部省の中教審（中央教育審議会）は、大学進学率が二〇パーセントに達した当時、その状況を「高等教育の大衆化」と捉えつつ、高卒労働力の確保と「高等教育の多様化」を提唱した。[3] これは労働力政策の文脈で高校・大学進学率を制御しつつ、労働力需要に応じた教育の多様化を進めようとするものだった。

このため、文部省は一九七〇年代後半以降一九九〇年代中頃までの約二〇年にわたって、大学・学部の新増設及び入学定員増には抑制的に対応することを原則とし、看護・社会福祉などの「抑制の例外」領域や地域振興上必要性の高い場合に限って新増設を認める方針をとった。[4] このため、一九七〇年代後半から一九九〇年代初頭にかけては、大学進学率は微増・微減を繰り返しながら二〇パーセント代後半で推移した。この時期、若者の大学進学要求の増大は、一九七六年に創設された職業や実際生活に必要な能力の育成を目的とする専修学校（専門課程）に回収され、公財政にとっては相対的に安上がりな中等後教育によって「即戦力」の人材が産業界に供給された。

ところが、大学進学率は一九九〇年代中頃から再び急上昇し始め、「大学が多過ぎる」と言われる状況が生まれた。

その要因の一つは、一九八〇年代後半から一九九〇年代前半の一八歳人口急増（ピーク時＝一九九二年度には二〇五万人）への対策として、文部省が大学に対して「臨時的定員」という形で収容定員を増やすよう要請したことにある。[5]「臨時的定員」とは期限付きで収容定員を増加させ、大学進学率の急激な低下を回避しつつ、一八歳人口急増期を過ぎたら「臨時的定員」を徐々に解消することで、大学進学率を一定に保とうとするものだった。

しかし、一九八六〜九二年の整備計画では、入学定員について恒常的定員四万二〇〇〇人増・臨時的定員四万四〇〇〇人増としたところ、実際には恒常的定員七万八一七三人増・臨時的定員一一万二四四三人増となった。また、一九九三〜二〇〇〇年の整備計画では入学定員五九万人・入学者数六四万九〇〇〇人と想定していたが、実際には入学定員六九万八四三六人・入学者数七五万二〇一〇人というように想定を一〇万人以上上回る結果となった。[6]

さらに、文部省は、一八歳人口急増期終了後には解消するはずだった臨時的定員の約半数を、大学が恒常的定員として取り込むことを容認した。臨時的定員は一八歳人口急減期には解消することが予定されていたが、文部省は大学審議会の答申に基づき、二〇〇〇年度以降二〇〇四年度までに臨時的定員の五〇パーセントを段階的に解消する一方、残りの五〇パーセントは恒常的定員化を認める方針を打ち出したのである。[7] また、大都市以外の地域での新増設も「弾力的に扱う」とした。この当時にも、こうした措置が弱小私学の定員割れを招くとの指摘があったが、臨時的定員の恒常的定員化はおおむね肯定的に受け止められた。

この方針転換に関連して、大学審議会は、社会の高度化・複雑化・専門化により「高度な課題探求能力や専門的知識等を有すること」が広く求められ、若年労働力減少下での経済発展のためには「社会の各分野で活躍できる質の高い人材の供給を一定規模確保する」必要があるとして、

「一八歳人口が一二〇万人規模となる平成二一年度以降」は大学・短大合わせて「最大七〇万人程度（平成八年度入学者数から約一〇万人の減）の入学者数を想定することは適当」との考えを示していた。[8] しかし、実際には、二〇〇九（平成二一）年度以降の大学・短大の入学者数はこの想定を一〇パーセントほど上回った。

3　抑制方針の撤廃と市場主義

大学・学部の新増設抑制方針の本格的な転換点は、二〇〇一年一二月の総合規制改革会議「規制改革の推進に関する第一次答申」だったであろう。同答申では「大学や学部の設置に係る事前規制を緩和するとともに事後的チェック体制を整備するなど、一層競争的な環境を整備することを通じて、教育研究活動を活性化し、その質の向上を図っていく」とし、設置認可における事前規制型から事後チェック型への移行、設置認可の準則主義化、第三者評価制度の導入を提言した。

また、従来の大学新増設・入学定員増の抑制方針についても、「『平成一二年度以降の大学設置に関する審査の取扱方針』における『大学、学部の設置及び収容定員増については、抑制的に対応する』という方針を見直すべきである」とした。翌二〇〇二年、中教審もこれに呼応して、①事前規制である大学設置認可制度の弾力化、②新増設抑制方針の撤廃による大学間の自由な競争の促進、③大都市部（工業制限・準制限区域）における大学設置抑制方針の撤廃などを答申した。[9]

こうして、文部科学省は新増設抑制方針を撤廃し、中等後教育に市場主義的競争原理が導入された。これにより、大学・学部の新増設が相対的に容易になるとともに、学校間競争が刺激され、それへの対応として短大等の大学昇格の動きが強まった。さらに、文部科学省は市場による大学淘汰を促進するため、定員割れが起きた大学に対しては私学助成金の減額や打切りといったペナルティーを科し市場からの退出を促す仕組みを整備した。現在では、在籍学生数が収容定員の五〇パーセント以下の大学・学部等には私学助成を交付しない措置が取られている。[10]

ただ、文部科学省は市場主義の導入と同時に、「大学の質の保証」も強調している。上記の二〇〇二年答申でも、次のような質保証システムとして大学評価制度の拡充＝第三者評価制度の確立が提言された。

「我が国がリーダーシップを発揮し発展していく上で大学の果たす役割は極めて大きいから、国際的通用性等の観点からも、大学評価を通じて、大学の質を社会に保証していくことは必要であり、設置後の状況を第三者が客観的な立場から継続的に評価を行う体制を整備することにより、大学の自主性・自律性を踏まえた新たな質の保証システムを構築する」[11]

大学設置認可制度による大学の総量規制は、小泉政権が進めた規制改革によって、市場主義的競争原理と第三者評価制度に置き換えられたと考えてよいだろう。そして、文部科学省は市場原理を機能させるために、私立大学に対して財務諸表・在籍者数・就職状況や第三者評価の結果などの情報公開を義務づけるとともに、私学助成の交付要件を厳格化し学生獲得競争の結果を大学の存続に直結させる仕組みを整備してきた。また、教育内容や財務状況の改善が見込めない大学には統廃合を迫るなどしている。

この一〇年で六五校が学生募集を停止するに至ったことを見れば、市場主義的競争原理＋第三者評価による大学管理は政府にとってはおおむね期待どおり機能しているとみるべきではないか。この意味で、田中氏の「多過ぎる」論は、政府・文科省の政策的文脈を逸脱した議論だったのではないか。

4　将来像の提示と政策誘導

とはいえ、高等教育に対する国家管理の時代は終わり「神の見えざる手」に委ねられたと結論づけることは適切ではないだろう。むしろ、大学教育の量的規制から質的規制へ、大学設置認可による大学進学率の管理から大学における教育研究の目的や内容の管理へと、高等教育機関に対する国家関与は格段に強化されたと言うべきだろう。

中教審は二〇〇五年一月の答申「我が国の高等教育の将来像」で、次のように述べて、政府主導の大学づくりの必要性を説いた。

「今後は、高等教育の将来像といったものが提示され、各高等教育機関・学生個々人・各企業・地方公共団体等がそれぞれの行動を戦略的に選択する中で、高等教育の規模や配置等が決まり、必要に応じて将来像が見直されるというシステムへと転換することが不可避となろう。すなわち、『高等教育計画の策定と各種規制』の時代から『将来像の提示と政策誘導』の時代への移行と言うことができる[12]」

そして、「将来像の提示と政策誘導」システムの構成要素として、①高等教育の在るべき姿や方向性等の提示、②制度的枠組みの設定・修正、③質の保証システムの整備、④高等教育機関・社会・学習者に対する各種の情報提供、⑤財政支援等をあげた。以下では①について最小限度コメントするに留めるが、これらが本格的に動き始めれば、大学の教育研究や管理運営はこれまで以上に時の政権に従属させられるだろう。これでは、短期的に成果が得られそうな研究テーマや、時の政権が「役に立つ」と判断した学問分野にばかり研究資源が配分され、学問・文化の調和ある発展が阻害されかねない。

中教審は大学に対して高等教育の在るべき姿や方向性等を提示し、「大学の機能別分化」の推進を提言している。中教審の言う「大学の機能別分化」とは、政府があらかじめ提示する機能類型の中から各大学に自らの将来像を選択させ、それに沿って大学を機能的に分化させるというものだ。中教審が提示したのは、①世界的研究・教育拠点、②高度専門職業人養成、③幅広い職業人養成、④総合的教養教育、⑤特定の専門的分野（芸術、体育等）の教育・研究、⑥地域の生涯学習機会の拠点、⑦社会貢献機能（地域貢献、産学官連携、国際交流等）という七類型だった[13]。各大学に自らの機能を選択させ、それを当該大学のミッションと規定し、それに応じた資源配分と大学評価が行われることになるだろう。国立大学法人に対しては、文部科学省はすでに二〇〇九年、第二期中期目標（案）作成時に上記の機能類型から二つを選択するよう指示し、国立大学の機能別分化への第一歩はすでに踏み出されている。(14) 新自由主義的規制改革は私企業の経済活動の自由を拡大する一方で、公的・公共的機関に対しては目的管理的手法による統制が強化されたと見るべきだろう。

いま、国立大学の教職員は、中期目標・計画や「ミッション再定義」そして幾重もの評価制度への対応に厖大な時間を費やし、教育研究に傾注すべきエネルギーがデスクワークに奪われている。諸外国の学術論文発表件数が年々増加しているなか、日本は国立大学法人化以降発表件数が減少している。こんなことを続ければ、教育研究が衰退してしまいかねない。

自由民主党は二〇一二年一一月二一日、教育再生実行本部の「中間とりまとめ」を公表した。このなかで、大学教育の強化分科会（座長：山谷えり子）は、「世界トップレベルの大学強化」や「職業と直結した技能職を育成する地域密着型大学支援」などと並んで、「大学強化のための設置基準の見直し」と「質の高い大学教育への転換（大学教育の質の保証徹底の義務化）」を打ち出した。これは「大学の機能別分化」と「質保証」システムによる大学管理の強化にほかならず、中教審が二〇〇五年答申で強調した「将来像の提示と政策誘導」と軌を一にするものだ。ここには、大学にグローバル人材・競争力人材を効率的に育成・供給する役割を担わせるとともに、大学がもつ知的資源や研究施設をグローバル競争に動員しようという意図が透けて見える。

5　大学・高等教育を考える視点の転換を

かつて学問は直接生産労働から解放された特権的身分の人々によって独占され、直接生産者に対して敵対的な役割さえ果たしてきた。そのとき、大学は大衆を排除し、学問の自由は一種の特権的自由でしかなかった。身分制社会における学問・大学と今日のそれを混同することが適切でないことは言うまでもないが、量的には「大学の大衆化」と言われる現代にあっても、学問・大学が大衆に対して敵対的な役割を果たしている現実がある。原子力発電所の安全性神話の創作への協力は、その顕著な例だが、唯一の例ではない。大学・学問はしばしば、時の政権の国策遂行手段にされたり、研究費をエサに大企業の利己的・排他的利益追求の手段にされたりしてしまう。そういった支配介入を排除するため、学問の自由・大学自治やそれを支える民主的な研究資源配分ルールの確立とともに、大学・学問の存在意義を大衆の福祉増進といった視点から確認・再確認する必要がある。

戦前の哲学者・戸坂潤が『科学論』（一九三五年）で階級論的な視点から「科学の大衆化」を唱えたように、現代的意味における学問・大学の大衆化が求められているのではないだろうか。たとえば、学問領域を越えた科学者によって組織される日本科学者会議は、公害・環境、核兵器・原発、平和・軍縮などの人類的課題に学際的に取り組んできたが、３・11以降は全国各地で震災・原発問題の学習会を開催して市民に問題の核心を平易に伝えるなど、学問の大衆化の文脈から見ても重要な役割を担ってきた。こうしたボランタリーな取り組みの発展が望まれる。

他方、「大学の大衆化」が大学教育の劣化や大学生の学力低下をもたらしたと言われ、授業を成立させることの困難を訴える大学教員は少なくない。そのため、一方では少しでも大学の偏差値を上げて学力の低い学生を自分の教室から排除しようとし、他方では大学の授業でありながら中学・高校の学習内容の「再履修」に終始してしまう傾向もある。これらはいずれも、眼前の若者から眼を背けた対応ではないだろうか。

大衆化した大学における学問とその教授の在り方の解明は、私たちの世代が初めて突き付けられたきわめてチャレンジングで、それ自体としてきわめて学問的な課題なのではないか。偏差値学力の低い若者に対する学習指導に様々な困難が伴うことを否定するつもりはないが、そういった若者にこそわくわくするような学問の魅力を体験する権利があり、その喜びに接することでそれぞれの将来を切り拓いていく力を獲得できるようにすることが学問・大学の現代的課題なのではないか。しかも、それは学問・大学の若者に対する義務という意味にとどまらず、学問・大学自体の現代的在り方を解明するという意味において重要な課題ではないだろうか。

注

（1）当初は、二〇一二年中に結論を得るとしていたが、二〇一二年一二月二一日の第三回会議以降、二〇一三年一月二五日現在まで会議は開催されていない。

（2）大学の授業料負担や奨学金問題に関しては、奨学金の会（国民のための奨学金制度の拡充をめざし、無償教育を進める会）、首都圏ユニオンが進める奨学金連絡会の活動が注目される。

（3）中央教育審議会「今後における学校教育の総合的な拡充整備のための基本的施策について」（一九七一年六月）。いわゆる「四六答申」。中教審が「中等教育の多様化」とともに打ち出した「高等教育の多様化」は、①大学（総合領域型、専門体系型、目的専修型）、②短期大学（教養型、職業型）、③高等専門学校、④大学院、⑤研究院への種別化であった。

（4）文部省「高等教育の計画的整備について――昭和五〇年代計画」（一九七六年三月、一九七九年一二月）、「昭和六一年度以降の高等教育の計画的整備について――昭和六〇年代計画」（一九八四年六月）、「平成五年度以降の高等教育の計画的整備について」（一九九一年五月）、「平成一二年度以降の高等教育の将来構想について」（一九九七年一月）。

（5）この時期、文部省は、高等教育の整備計画は「量的な拡大よりも質的な充実に力点を置くべき」で、「教育機能の強化、世界的水準の教育研究の推進、生涯学習への適切な対応」を優先するとしていた（文部省『我が国の文教政策』一九九一年度）。

（6）将来構想部会関係基礎資料「これまでの高等教育計画等について」（中央教育審議会第一回大学分科会将来構想部会、二〇〇一年八月一七日）。

（7）大学審議会「平成一二年度以降の高等教育の将来構想について」（一九九七年一月）。

（8）大学審議会「二一世紀の大学像と今後の改革方策について——競争的環境の中で個性が輝く大学（答申）」（一九九八年一〇月）。なお、大学審議会はこの答申で、大学改革の基本理念として、①課題探求能力の育成を目指した教育研究の質の向上、②教育研究システムの柔構造化による大学の自律性の確保、③責任ある意思決定と実行を目指した組織運営体制の整備、④多元的な評価システムの確立による大学の個性化と教育研究の不断の改善を提示した。

（9）中央教育審議会「大学の質の保証に係る新たなシステムの構築について（答申）」（二〇〇二年八月）。

（10）文部科学省「私立大学等経常費補助金交付要綱」（一九八七年一一月三〇日文部大臣裁定、二〇一二年二月三日最終改正）、別添「私立大学等経常費補助金取扱要領」。

（11）中央教育審議会「大学の質の保証に係る新たなシステムの構築について（答申）」（二〇〇二年八月）。

（12）中央教育審議会「我が国の高等教育の将来像」（二〇〇五年一月二八日）。

（13）同右（12）。

（14）国立大学法人評価委員会「国立大学法人の組織及び業務全般の見直しに関する視点」（二〇〇九年一月）。

第一三章　入試制度改革で分断される若者と日本社会
――着々と準備される学制改革の意味

1　大学入試制度改革を梃子とする学制改革

忌野清志郎は『争いの河』で、「その間に目的をもった奴がちゃくちゃくと準備をしている」と歌った。国民が何かに気を取られている間に、政府が水面下で重大な事態を進行させている。これはよくあることで、教育改革も例外ではない。政府は今、大学入試制度改革を前面に押し出しつつ、水面下では着々と大規模な学制改革を準備している。

文部科学省は二〇一五年一月一六日、大臣決定「高大接続改革実行プラン」を公表した。これは、二〇一四年一二月二二日の中央教育審議会答申「新しい時代にふさわしい高大接続の実現に向けた高等学校教育、大学教育、大学入学者選抜の一体的改革について」（以下、二〇一四年答申）を具体化し、今後同省が進めようとしている高大接続改革の重要施策とスケジュールを定めたものだ。(1) この答申は、①高等学校教育の質保証、②大学入学者選抜の改善、③大学教育の質的転換、を内容とする中教審答申「新たな未来を築くための大学教育の質的転換に向けて」(二〇一二年八月二八日。以下、二〇一二年答申)の延長線上に位置づき、教育再生実行会議の第四次提言「高等学校教育と大学教育との接続・大学入学者選抜の在り方について」(二〇一三年一〇月三一日)に書き込まれた高等学校の「達成度テスト」構想を継承するものでもある。

これらは一見したところ、大学入試制度改革を検討しているように見える。大学入試センター試験(以下、センター試験)の改革も今後の日程に含まれている。センター試験は現在、大学入学希望者のうち毎年約五〇万人が受験しているから、これを改革することは多くの若者に直接多大な影響を与える。衆目がここに注がれるのは当然だ。

しかし、高大接続改革を大学入試制度改革と同一視すべきではない。二〇一四年答申のタイトルも、高大接続改革は単なる大学入試制度改革ではなく、「高等学校教育、大学教育、大学入学者選抜の一体的改革」であることを表している。大学入試制度改革は高大接続改革の一側面にすぎず、また高大接続改革は二〇一二年答申の「大学教育の質的転換」と密接に結びついている。政府の学制改革全体から見れば、大学入試制度改革は巨大な氷山の一角にすぎないのだ。そこで、本章ではこの氷山の全体像と問題点の解明を試みる。

2　「高大接続改革実行プラン」の概要

「高大接続改革実行プラン」を概観し、新学力テスト導入がどのような政策的文脈から出たものか検討しておこう。

「高大接続改革実行プラン」には、高大接続改革において「重視する視点」として、①高校教育・大学教育・大学入学者選抜の一体的改革、②「学力の三要素」（知識・技能、思考力・判断力・表現力、主体性・多様性・協働性）を踏まえた「真の学力」の育成・評価、③大学入試センター試験と各大学が実施する個別選抜の改革、④「既存の『公平性』をめぐる意識」の改革、⑤制度転換期の受験生など関係者への配慮、の五点が掲げられている。①は高大接続改革の目標が義務教育修了後の学制改革であること、[2]②はこの学制改革が教育の質的転換と密接に結びついていることを意味する。また、③と④からは、大学入試制度改革が教育の質的転換と学制改革の結節点であり、今後大学入試制度改革を梃子に教育の質的転換と学制改革が進められると推察される。

続いて、同プランには次の四つの施策群が列挙されている。これらは高大接続改革の見取り図であり、学制改革の入り口でもある。

・各大学の個別選抜に関する施策：(A)アドミッション・ポリシー（入学者受入れの方針）、ディプロマ・ポリシー（学位授与の方針）、カリキュラム・ポリシー（教育課程の編成・実施の方針）の一体的策定の義務付け、(B)一般入試・推薦入試・AO入試の区分を廃止した「多面的・総合的な評価への転換」、(C)各大学の入学者選抜の改革状況の評価・公表など。
・高校生・大学入学希望者を対象とする学力テスト：「高等学校基礎学力テスト」（二〇一九年度実施）と「大学入学希望者学力評価テスト」（二〇二〇年度実施）の導入。
・高校教育改革：(A)「課題の発見・解決に向けた主体的・協働的な学びの推進」、(B)教員の養成・採用・研修の改善、(C)学習指導要領の改訂（「何を教えるか」から「どのような力を身につけるか」へ。指導内容だけでなく学習方法・学習環境の明示）。
・大学教育改革：(A)大学教育の質的転換のための学長主導の「教学マネジメント」の確立、(B)大学に対する認証評価において学生の学修成果に関する「内部質保証」の状況を評価、(C)高校専攻科修了者の大学への編入学と専攻科で取得した単位の大学卒業単位としての認定[3]、大学の入学者募集の大くくり化、教育内容や成績評価の標準化。

大学入試制度改革が後期中等教育以降の学制改革の一環として進められていることは、本節の冒頭で確認したとおりだ。では、この学制改革はどのような教育制度、どのような社会を生み出そうとするものなのか。ここでは、「高大接続改革実行プラン」が目指す学力の質的転換とその質保証に注目して問題点を抽出してみよう[4]。

第一に、学校教育を通じて育成すべき学力の「質的転換」が目標とされているが、その内実の稀薄さと危うさを指摘しなければならない。

中教審は、グローバル人材育成推進会議の「グローバル人材育成戦略」（二〇一二年六月四日）を受けて、二〇一二年答申では「想定外の事態に遭遇したときに、そこに存在する問題を発見し、それを解決するための道筋を見定める能力」が求められるとし、二〇一四年答申では「学力の三要素」で構成される「真の学力」の育成こそ今後の学校教育の目標だと言って、学力と教育の「質的転換」を提言した。そのため、高校については、学習指導要領で「何を教えるか」ではなく「どのような力を身につけるか」を明示し、指導方法や学習環境にまで縛りをかける。大学については、上記三つのポリシーの策定義務付け、学生に対する厳格な成績評価、教育内容・成績評価の標準化、そしてこれらを推進するため学長主導型の「教学マネジメント」と認証評価を強化すると言う。すでに策定が進んでいる「分野別参照基準」はこれらに連動する可能性が高い。

しかし、「質的転換」の目標である「真の学力」は文部科学省がご都合主義的に創作した言葉にすぎない。ここ四半世紀、文部省・文部科学省は「新学力観」「生きる力」「自ら考え、自ら学ぶ力」「確かな学力」などの言葉を次々に創作した。国家権力が紙切れを紙幣として通用させるのと同じで、数々の学力概念が法的強制と予算措置に裏打ちされて、学校教育を方向づけ子ども・若者の学習を支配してきたのだ。しかし、それらの耐用期間はたいへん短く、次々に使い捨てられてきた。今回の「真の」という表現は、その意味内容を具体的かつ体系的に提示することなく、これこそ真打ちだと言い切ってしまうものだ。これまでになく乱暴で粗雑な学力観と言わざるをえない。

そもそも、「想定外の事態」に対処するためには社会構成員の多様性の確保、そして一人ひとりの自律的創造性の発揮とその自由の保障が鍵となる。学習・教育という営みは、学問・学習の自由と創造的多様性が保障されてこそ、予測困難な未来に柔軟かつ創造的に対応できる人間の育成に貢献するはずだ。「真の学力」育成に向けて学校教育を雁字搦《がんじがら》めに管理すれば、「想定外の事態」に対処するどころか、人間活動としての学習・教育は窒息してしまう。

第二に、学力及び教育の「質保証」にかかわる問題として、教育と学習成果を国家管理するための評価の連鎖、あるいは学習・教育に対する評価による管理の連鎖を指摘しなければならない。

高等学校基礎学力テストと大学入学希望者学力評価テストは、直接には高校生と大学入学希望者の学力を評価し選別するシステムであるが、同時に個々の高校における教育を評価し教育活動を管理するシステムとしても機能する。また、大学に三つのポリシー策定を義務付けることで、文部科学省は入学者選抜・教育・修了認定にまで立ち入って大学を個別的に評価し管理できるようになる。大学には学生の学修成果に対する厳格な評価が要求される一方、学生の成績評価は「内部質保証」の指標として大学評価の対象となる。

要するに、高校・大学には、国の基準に基づく製品の品質管理が強いられる。この場合、製品とはグローバル企業にとって有用な人材であり、その原材料は生身の子ども・若者である。個性と意思をもち希望と困難を抱える人間を有用な人材という鋳型にはめる教育には元来無理がある。

これは今に始まったことではないが⑸、国立大学法人化以降、学問の府であるべき大学が官僚組織化しつつあり、教育研究への国家管理に対する抵抗力を削がれているため、これまでになく深刻な結果をもたらすことが懸念される。

角度を変えて言おう。ここ二〇年ほど、大学は学生による授業評価・教員評価の導入・実施を強いられてきた。その評価結果を教員の処遇決定に利用する大学もある。これは学生を顧客・消費者・ステークホルダーと見なし、顧客満足度を基準に教員を管理する手法だ。ところが、「高大接続改革実行プラン」に盛り込まれたのは、学生を人材育成工場の製品と見なした品質管理だ。いよいよ新自由主義教育改革の本質が前面に出て来たのだ。品質基準を満たさない学生は正規品として出荷できず、製造工程で廃棄されるか、バルク品として安売りされる。こうして、学生は大学の顧客であると同時に製品でもあるという地位に立たされる。

3　学力テスト改革による学校と社会の分断

次に、「高大接続改革実行プラン」に書き込まれた学力テスト改革の概要を確認しておこう。学力テストに関する一つめの改革は、センター試験を廃止して、大学入学希望者学力評価テスト（仮称）を導入することだ。この学力テストは、「『知識・技能』を問う問題が中心」となっている大学入試センター試験に代わって、「これからの大学教育を受けるために必要な能力について把握」するための学力テストだと言う。「これまでとは違う」という含意のある「これからの」が冠されているのは、大学教育自体を質的に転換させる学制改革が予定されているからだろう（後述）。大学入学希望者学力評価テストは、大学入学希望者について、「知識・技能を活用して、自ら課題を発見し、その解決に向けて探究し、成果等を表現するために必要な思考力・判断力・表現力等の能力」を評価するものとされ、「合教科・科目型」・「総合型」の出題、記述式解答の導入、段階別成績表示、年複数回受験、CBT方式（Computer Based Testing）の採用が予定されている。

二つめの改革は、高等学校基礎学力テスト（仮称）を新たに創設することだ。この学力テストは、生徒が、①自己の基礎的な学習の達成度を把握するとともに、②推薦・AO入試や就職時に自己の学力を客観的に提示できるようにすることを目的とするもので、当面は必修科目（国語総合、数学Ⅰ、世界史、現代社会、物理基礎、コミュニケーション英語Ⅰなど）に関する「知識・技能」の習得状況をテストする。そして、このテストにはCBT方式・多肢選択方式が採用され、高校在籍中に複数回受験機会を与え、高校二、三年時にできるかぎり全ての生徒に受験させるとしている。

これら二つの学力テストはいずれも、生徒個人の学習到達度を評価して、入学者選抜資料として用いたり、進学・就職時の学力証明に利用したりするものだ。いずれも全国規模で実施し、高等学校基礎学力テストについては全生徒の受験を促すというから、小中学校における全国学力テスト（全国学力・学修状況調査）と酷似している。しかし、高校生一人ひとりの学力評価とその対外的証明を目的としているという点で、教育改善のための資料収集を建前とする全国学力テストとは性質を異にする。

高等学校基礎学力テストと大学入学希望者学力評価テストの質的な違いも明らかだ。高等学校基礎学力テストが高等学校の段階における基礎的な学習の達成度の把握等を目的としているのに対して、大学入学希望者学力評価テストは「これからの大学教育」を受けるために必要な学力を測ることを目的としている。このため、後者が「高大接続改革実行プラン」で強調する「学力の三要素」からなる「真の学力」を評価するものである一方、前者では知識・技能に重点が置かれているのだ。「真の学力」は「これからの大学教育」をうけるエリート大学進学者が身につけるべき学力であり、ノンエリートの若者には「真の学力」の獲得を要求しない、または著しく軽視される。こうして、この二つの新しい学力テストは、かたや高校卒業資格認定試験として、かたや大学入学資格試験として制度化され、あるいは事実上そのように機能する可能性が高い。そうなれば、高校はそれに照応する形で再編・序列化されてしまうだろう。

さらに、高等学校基礎学力テストは多様な難易度で出題し、すべての高校生に受験させるよう措置すると言う。これは高校における知識・技能の習得状況を全国一律に評価し、就職や進学に際してその人の能力証明に利用しようとするものだ。こうして、大学進学者と非進学者に区別しつつ、すべての高校生を二つの異なる学力獲得競争に巻き込むことになる。これほど愚劣な管理社会を作り上げて良いのだろうか。しかも、高等学校基礎学力テストに備えてもっぱら知識・技能に関する学習に専念させられるノンエリートも、グローバル人材の育成を目標とする「これからの大学教育」を受けるエリートも、創造的で胸躍る知的体験から疎外されてしまう。

こうして、大学入学希望者学力評価テストと高等学校基礎学力テストは、高校の中に異なる教育目的・教育目標を軸に形成される二つの区別された世界を作り出すことになる。このことは学力や進路によって分断され種別化された学校系統を生み出すだけでなく、日本社会を知的・文化的背景を異にする二つの世界に分断し、この社会に属する人々を幾つにも種別化することになるのではないか。(6)

4　なぜ、分断と種別化の学制改革か

分断と種別化を内容とする学制改革の背景には、大学進学率上昇に伴って高等教育への公財政支出及び私費を含む高等教育費(7)が増大する一方で、大学等の高等教育・中等後教育機関が人材育成システムとして効率的に機能していないとの認識がある。教育再生実行会議は、第五次提言「今後の学制等の在り方について」(二〇一四年七月三日)で、大学等の現状を次のように批判し、「質の高い実践的な職業教育を行う新たな高等教育機関」の制度化が必要だと提言した。

①大学や短期大学は、学術研究を基にした教育を基本とし、企業等と連携した実践的な職業教

育に特化した仕組みにはなっていない。

②高等専門学校は、中学校卒業後からの五年一貫教育を行うことを特色とするものであり、高等学校卒業段階の若者や社会人に対する職業教育には十分に対応していない。

③専修学校専門課程（専門学校）は、教育の質が制度上担保されていないこともあり、必ずしも適切な社会的評価を得ていない。

しかし、これらの批判は、学校教育法に定める大学等の目的や学校体系上の位置づけを無視し、「社会的需要に応じた質の高い職業人の養成」に特化した教育を行わせようとするものだ。いわゆるエリート大学では国際競争を牽引するグローバル人材の育成、ノンエリート大学ではそれを下支えする人材の育成という区別を設けつつ、高等教育・中等後教育の目的を効率的な人材育成に一元化しようとする乱暴な議論だ。

文部科学省の実践的な職業教育を行う新たな高等教育機関の制度化に関する有識者会議は、教育再生実行会議の第五次提言に呼応して、「実践的な職業教育を行う新たな高等教育機関の制度化に関する基本的な方向性（案）」（二〇一五年二月一六日）を取りまとめた。この文書では、大学を「学術（アカデミック）大学」と「専門職業大学（仮称）」に分け、[8]「専門職業大学」ではもっぱら「職業に従事するために必要な実践的知識・技能・能力の育成」のための教育を行うこととして、「専門職業大学」の目的から学術研究を除外し、または教育に直接必要な研究だけに限定しようとしている。そうなれば、「専門職業大学」の教員には原則として研究条件が保障されず、[9]

高等教育としての質を維持することさえ難しくなるだろう。他方、「学術大学」の教育もグローバル人材育成に特化されることで、自由な学問研究やそれに基づく創造的な学習・教育が衰退してしまうだろう。これは大学・高等教育にとってかつてない危機であり、社会衰退の序曲である。

さらに、教育再生実行会議が既存の大学等の現状を批判していることから分かるように、「専門職業大学」設置構想は高校卒業後の進学先や高等教育進学者の割合を量的に増やすことを意図するものではない。むしろ、既存の大学等を「専門職業大学」つまり職業教育を目的とする安上がりな中等後教育機関に転換させることが予定されていると考えるべきだろう。[10] この有識者会議（二〇一四年一〇月七日）における冨山和彦氏の「G型大学・L型大学」発言は、たいへん乱暴な立論ながら、自らに与えられたミッションをよく理解した発言と言えよう。

まとめにかえて

大学は学校階梯の最終段階、したがって学校と職業社会との結節点に位置し、「学術の中心として、広く知識を授けるとともに、深く専門の学芸を教授研究」することを通じて、若者の労働能力の獲得と主体的職業選択を促すことが期待されてきた。その際、大学における職業教育は企業の短期的な人材需要に直接応答するものではないことに、大学教育の意義が見出されてきた。しかし、大学教育は多くの問題を抱えており、大衆的高等教育の創造は今日の大学が取り組むべ

き喫緊の課題である。(11)

政府の学制改革は、質的に異なる学力を評価する二つの学力テスト制度を新たに創設し、それを梃子に高校と大学における教育（政府にとっては人材育成）をエリート型とノンエリート型に種別化するものだ。この改革が進展すれば、学校は職業領域や人材需要に即応する能力の習得を効率的に行うシステムに変貌してしまうだろう。

しかし、この学制改革は、過去幾度も失敗を繰り返した人材育成政策と本質的に変わるものではなく、早晩失敗せざるをえないだろう。若者たちは、政府や企業によってエリートとノンエリートに分類されたとしても、自分の可能性を信じ追求しつづけ、あるいはそうしたいと願っている。そのため、激しい抵抗として現れるか、無気力・無関心という形で現れるかの違いはあれ、若者たちは納得できない地位と処遇を押しつける理不尽な人材育成・配分システムそのものを拒絶してきた。いくら個性と能力による進学・職業選択と言っても、その結果が社会的処遇に大きすぎる格差をもたらすシステムを改めないかぎり、この問題に解を見出すことは難しい。今こそ、若者自身が主体的な行動を起こすべきだ。

大学の大衆化が進むなかで、大学生の学力低下や大学教育の劣化という現象が生まれ、多くの大学は中学・高校の学習内容に戻って指導しなければ授業が成り立たないという現実に直面している。しかし、だからといって、広い知識と深い専門的学芸を獲得し、自分を取り巻く世界（自然・人間・社会）を理解し、変革し、それを楽しむ権利を否定してよいことにはならない。いわゆるノンエリートの若者には職業教育を受けさせ職業世界に送り込めばよいというものではなく、そういった若者にこそ広い知識と深い専門的学芸に接し、それらを自分のものにする喜びが保障されるべきなのだ。

注

(1) 文部科学者は二〇一五年三月五日、高大接続システム改革会議(安西裕一郎座長)を設置し、大臣決定を実行に移しつつある。

(2) 義務教育段階の学制改革については、中央教育審議会は「子供の発達や学習者の意欲・能力等に応じた柔軟かつ効果的な教育システムの構築について」(二〇一四年一二月二二日)を答申している。

(3) 政府はこの趣旨の学校教育法改正案を二〇一五年三月一七日に閣議決定。なお、文部科学省は二〇一四年九月、職業能力開発施設における取得単位を、大学が卒業単位として認定できるとする学校教育法施行規則改正を行っている。文部科学省による多様な編入学制度の創設と既得単位認定の拡大は学校の接続関係を揺るがすものであり、入学・教育課程・学位授与についてポリシー策定義務付けとも矛盾する。ただし、この義務付けの狙いが大学教育の国家統制にあるとすれば、これらは一貫性のある政策と判断できる。

(4) このほかにも、大学・学部のアドミッション・ポリシーの明確化と入学者募集の大くくり化との矛盾や、学力テストの実現可能性など、多くの問題が含まれている。

(5) たとえば、鎌田慧『教育工場の子どもたち』(岩波現代文庫、二〇〇七年。講談社、一九八四年)。さらに、イギリスのロックバンド Pink Floyd のアルバム Another Brick in the Wall (一九七九年) に描かれた学校像が象徴的である。

(6) 本論で述べたことのほかにも、二〇一四年答申では「画一的な一斉試験で正答に関する知識の再生を一点刻みに問い、その結果の点数のみに依拠した選抜を行うことが公平であるとする」観念の転換が必要だと繰り返す。しかし、素点表示から段階表示への転換は学力評価の精度を劣化させ、合否判定に評価者の主観が入り込む余地を広げてしまう。この背景には公平と公正に関する独自の考えがあるようだが、中教審は詳しく展開していない。

(7) 高等教育への公財政支出が少ないことが指摘されるが、政府は基盤的教育研究費の削減と競争的予算配分への移行を進めている。他方、高等教育のための家計負担の増大は企業の人件費を押し上げる要因となるため、私費負担の高等教育費を抑制することも政治的課題となる。

(8) 政府の文書には明記されていないが、「高大接続改革実行プラン」に書かれた「これからの大学教育」は「学術（アカデミック）大学」における教育を意味するものと推察される。

(9) 二〇〇四年の法人化以降、政府は国立大学法人への運営費交付金を年々削減している。このため、教員研究費が年間一〇万円にまで減少した国立大学もあり、学術研究基盤はすでに著しく劣化している。

(10) 文部科学省は二〇一五年二月二一日に公表した「設置計画履行状況等調査の結果等について（平成二六年度）」で、いかに多くの大学が大学教育としての質を確保できていないかをことさら強調している。

(11) この点については、本書第一四章を参照されたい。

第一四章　大学・学問の現代的存在形態と大衆的高等教育の創造

1　国立大学の法人化を起点とする新自由主義大学改革

国立大学は、二〇〇四年四月、国が設置する大学（国立学校設置法）から、国が設置した国立大学法人が設定する大学（国立大学法人法）へと、設置形態の転換を経験した。これを一般に「国立大学の法人化」と言う。

しかし、この新しい設置形態は法制上の形式にとどまり、国立大学法人と国立大学は一体的に運営されている。そのうえ、政府は国立大学法人の自主的・自律的運営を尊重することなく、大学自治を形骸化させ、国立大学を国策大学化させようとしている。

しかも、この影響は公私立大学を含む高等教育全体に広がりつつある。たとえば、二〇一四年の学校教育法改正は、これまで大学の実質的な意思決定機関だった教授会の地位の引き下げと権限の剝奪を狙うものだった。また、競争的資源配分によるコントロールは、公私立大学の教育研究や管理運営にも及んでいる。

つまり、国立大学の法人化は、日本における新自由主義大学改革の出発点であり、公私立大学を含む大学・高等教育全体の新自由主義的改造プロジェクトを先導する役割を果たしているのである。

しかし、法人化当時、「国立大学法人化＝新自由主義大学改革」という認識は、必ずしも広く共有されていたわけではないし、今日も、国立大学法人制度に対する幻想は完全には払拭されてはいない。法人化を正当化するため、政府は、国立大学は国の行政機関の一部だが、法人化によって国の管理から離れれば自主的・自律的な運営が可能になると説明した。これが少なからざる大学関係者に「法人化＝自主性・自律性の保証」という幻想を抱かせ、あるいは先の見えない設置形態転換を受け入れる口実を提供した。

経緯を簡単に述べよう。政府は当初（二〇〇〇年）、独立行政法人通則法をそのまま国立大学に適用し、国立大学を独立行政法人化（独法化）するというスキームを提示した。[1] しかし、これが大学内外の抵抗にあって頓挫すると、政府は、独法化に替わる新たなスキームとして国立大学法人制度を案出した。そして、独立行政法人通則法の特例法として国立大学法人法を制定すれば、独立行政法人制度の枠組みを利用しつつ、国立大学の「教育研究の特性」（第三条）に配慮し、自主性・自律性を担保した設置形態に移行できると説明した。[2]

これを機に、国立大学関係者からも、法人化すれば概算要求・予算措置を通じた文部科学省による管理を受けることなく、国立大学の自主的・自律的運営が可能になるといった肯定的評価が多く聞かれるようになった。こうして、国立大学は腰が砕けるように、法人化を受け入れてしまったのである。

しかし、その後一〇年以上が過ぎ、大学関係者の間では「法人化による国立大学の自主的・自律的運営」は幻想にすぎないことが認識されるようになってきた。法人制度の実態と問題点について、ここでは新自由主義大学改革の特徴を簡潔に整理する。

①行財政のスリム化を目的とする国立大学運営費交付金の削減と、それを梃子とする大学管理の強化。

②教育研究費の競争的資金化と政策的傾斜配分による国策的教育研究の推進と、競争的研究環境の「整備」による大学・研究者からの同意調達。

③国立大学の存在意義（「ミッション」）を、アベノミクス下での「経済再生」に奉仕するイノベーティブな技術開発とグローバル人材育成に限定または重点化。

④大学自治の否定を意味する大学ガバナンス改革（政府に忠実な学長による専権的大学運営）の強要。

⑤中期目標や「ミッションの再定義」を利用した教育研究や組織再編への介入。

⑥大学・高等教育の国際化[3]。

国立大学法人法や学校教育法の埒外で、すなわち明々白々法制上の正当性を欠く方法による、国立大学の管理運営や教育研究に対する政治的・行政的介入も後を絶たない[4]。

本論執筆中も、二〇一五年四月九日の参議院予算委員会において、松沢しげふみ議員（次世代の党）の「税金で賄われている国立大学だから、国歌斉唱、国旗掲揚は当然だ」との質疑に応える形で、安倍晋三首相は「税金によって賄われているということに鑑みれば、（中略）新教育基本法の方針に則って正しく実施されるべきではないか」と答弁した。

下村博文文科相も、「入学式卒業式における国旗や国歌の取り扱い」は「各大学の自主的な判断に委ねられている」が、「長年の慣行により、広く国民の間に定着していること、また平成一一年の八月に国旗および国歌に関する法律が施行されたことを踏まえて、各大学において適切な対応がとられるよう要請してまいりたい」と答弁した。(5)

しかし、政府の「要請」は、国立大学法人にとっては「従わざるをえないもの」であり、これを無視することは難しい。この「要請」は、中期目標の指示、中期計画の承認、運営費交付金等の予算配分、法人評価、法人廃止権等を手段とする国立大学法人管理などの生殺与奪権を後ろ盾にもつから、その実質は強制にほかならないのだ。

たとえば、国立大学法人の収入の約三分の一を占める運営費交付金は、毎年度、政府が予算の範囲内で国立大学法人に措置するものだ。ところが、運営費交付金は、法人化以降の一一年間で、約一〇パーセントも削減されている（二〇〇四年度の一兆二四一五億円から二〇一四年度の一兆一一二三億円へ）。

さらに、運営費交付金のうち、教育研究を支える基盤的経費である一般運営費交付金が大きく減額され、評価によって増減される特別運営費交付金の割合が増大している。大学財政の恒常的・累積的窮乏化が、国立大学法人の学長をして、たとえ違法不当なものであっても、政府の要請を「従わざるをえないもの」と判断させる構造を作り出しているのである。

2　大学の大衆化と学制改革

現代日本の大学・高等教育を論じるとき、大学の大衆化は度外視できない。所得格差に由来する現実的進学可能性の格差は無視できないが、大学の大衆化は教育の機会均等が高等教育段階にまで及びつつあり、大衆の知的水準が全体として高い水準に達しつつあることを意味している。

もっとも、高い大学進学率は、競争的労働市場への参入にあたって、大卒という学歴獲得によって自らの市場的価値を高めたいという動機に駆られたものであり、知的・文化的内発性に動機づけられたものとは言えないかもしれない。しかし、学生が自らの進学動機を対象化し、学問に参加する意義を認識できるよう導くこともまた高等教育の課題であり、大学はこれを自覚的に追求する必要がある。

ところが、大学の大衆化という言葉は、否定的な含意をもって用いられることが多い。たとえば、高等教育人口の量的増大＝大学の大衆化が高等教育の質を下げ、大学の授業が中学・高校の学習内容の復習に終始している場合さえある、というように。(6)また、少子化も相俟《あいま》って、希望すれば誰でも大学に入学できる状況にあり、大学入試から選抜機能が失われている、と。

大学内部にも、高校卒業までに獲得すべき知識や技能が身についていないとか、学生が授業内容に興味を示さないといった、大学の大衆化状況を呪うような不平不満がある。このため、高等教育の量的削減が教員ポストの減少につながることは憂慮しつつも、高等教育の量的削減や種別化を内容とする学制改革に肯定的または無関心な態度さえ見られる。

こうして、高等教育は供給過剰状態にあるという認識が形成・強化され、大学の市場的淘汰、国立大学法人の廃止統合、私立大学の設置認可取り消しなど、高等教育の供給量削減や種別化を内容とする包括的な学制改革への地ならしが急速に進められている。(7)

しかし、政府の学制改革構想は、高等教育の量的削減に留まらず、大学・高等教育における教育研究の目的や質をも激変させかねないものだ。ごくコンパクトに言えば、次のように整理できるだろう。(8)

①教育機関全体の人材育成機関化。

②大学・短大・高専・専門学校の、イノベーティブな研究開発とグローバル人材の育成を担う「学術大学」と、学問研究を目的としない「専門職業大学」への再編。

③大学進学希望者学力評価テストと高等学校基礎学力テストの創設(センター試験は廃止)を梃子とする、高等学校の教育目的の多様化と教育目標の種別化。

こういった学制改革の狙いは、大学の大衆化にともなって増大した高等教育コスト(公財政支出および私費負担）[9]の削減と、総体としての学校の効率的人材育成機関化にあると考えられる。これが進められれば、次の事態に立ち至るおそれがある。

第一に、「学術大学」と「専門職業大学」の区別なく、大学教育の目的が人材育成に特化され、教育研究がますます政府に管理・誘導され、「学術大学」でも自由な学問研究と教育が否定されかねない。

第二に、学生は、大学が経済・産業界に供給する人材製品と見なされ、大学にはその生産工程の管理（教育課程とその実施過程に対する管理）や製品の品質管理（学生の成績評価の厳格化）が法的に義務づけられ、または「要請」され、その管理状況は法人評価・大学評価の対象とされる。こうして、大学と学生は管理する者とされる者に分断され、大衆性を基盤とする大学づくりの可能性が遠のいてしまう。

第三に、大学における教育研究は、経済・産業界の短期的視野に立った技術開発需要・人材需要に傾斜させられ、これまで積み上げた教育研究水準の維持さえ困難になる。

第四に、学制改革とは別に、政府内部では国立大学の教育研究を理工系に重点化するアイディアが現実味をもって議論されている。これが現実のものになれば、世界（自然、その一部である人間、人間が作り出す社会）の在り方や既存の知や価値体系を根源的に問い直し、繰り返し創造し続けることを使命とする学問を衰退させかねない。

自然科学の研究成果は、物質的生産活動の知的・技術的基盤として社会の発展に資する可能性がある。しかし、人間と社会の維持発展のためには、知的生産の成果を物質的生産にどう生かすか、生み出された富をどう分配するか、そして知的労働と直接的生産労働との社会的関係をどのように再構築するかを、問い直し続けなければならない。ここに、人間は自然とどのような関係を取り結び、どのように生き、どういった社会を形成するかを、自然科学の成果としての自然認識の発展を踏まえつつ、根源的に問い直し続ける人文社会科学の存在意義がある。

しかし、これは既存の経済的利益やその基盤をなす価値体系そのものを根源的に問い直すことであるため、既存の経済的利益や価値体系を維持しようとする者は、人文社会科学を敵視することだろう。大学内部にも、経済・産業界からのグローバル人材育成要求に即応して、労働力の需給関係の視点から人文社会科学系大学・学部等の存在意義を否定する議論がある。しかし、その立論自体、既存の経済的利益や価値体系に囚われていることが認識されなければならないだろう。

3 学問創造者としての学生

私は、名古屋大学法学部に在学した四年間、学生自治会や全国法学系学生ゼミナールの活動に多くの時間を費やした。当時、学生自治会は教授会に対して「公害法」を講義科目として開設するよう求めていた。大企業と政府が生み出し拡大させた公害被害の救済を求める訴訟が各地で展開され、革新自治体が公害発生源に対して国の基準を上回る規制をかけることの是非が論じられていた。

こういった時代の空気を反映して、学生の中にも、卒業後は自治体職員として公害問題の解決に力を尽くしたい、そのために大学で公害法の理論を学びたいという要求（学問要求）をもつ者が少なくなかった。

「公害法という固有の学問領域は存在しない」との見解に立つ教授会との何年かにわたる交渉を経て、民法と行政法のコラボ授業という形で「公害法」開設が実現した。取り組みの成果に歓喜しつつ、私もこの授業に参加した。「国際学連の歌」の「平和守る人のために捧げよう我が科学」というフレーズどおり、「公害法」を学ぶことで、公害問題に立ち向かう武器を獲得できると考えていた。

ただ、いま思い返せば、当時の私は、学生自治会の取り組みの意義を十分には理解していなかったと思う。学生は学ぶ立場にあるには違いないが、公害法を学びたいという学生の要求は、個人的な学習要求を超えて、大学は公害法について研究を深め、教育課程に組み込むことで社会的要請に応えるべきだという要求だったのであり、これは大衆による大学づくり・学問創造だったのだ。つまり、これは学問の発展と大学づくりへの学生参加の一形態であり、それを通じて、大衆の学問要求に応答する新しい学問・大学の発展を促すものだったのだ。

この例では、学生の学問要求が、大学・高等教育に対する社会の期待と要求を媒介している。つまり、大学の大衆化とは、大学が自らに対する社会的期待・要求を、自分自身の体内にダイレクトに取り込むことを意味する。この関係を発展させることこそ、大学の社会的使命を果たす本道ではないだろうか。ただし、これは学生の要求に対して無批判に即応することでも、政府の言う「社会的要請」に追随することでもない。何にどう応答するかもまた学問研究を通じて判断すべきものだ。これは日本国憲法に定める学問の自由の要請であるだけでなく、それ以上に、学問と社会との関係の本質にかかる原理的要請であろう。

学問が担うべき最も重要な使命は、特定の課題について解決策を提示したり、学生の課題解決能力を育成したりすることではなく、大学というコミュニティーを挙げて、解決すべき問題を発見し、その本質を解明することにある。[10]大学・高等教育が社会的期待・要求に応答するという場合、社会にどのような期待・要求が存在し、大学・高等教育としてそれにどう応答するかを決定することがすでに学問研究に課せられた課題であり、学問研究固有の領分である。しかも、学問の自由と自律的発展は、学生や事務・技術職員を含む全構成員による大学自治によってしか担保されないのである。

4　全大学構成員で作り出す大学自治

国立大学法人法・学校教育法改正案を審議する衆議院文部科学委員会において、三宅博議員（日本維新の会）は、二〇一四年六月四日と一八日の両日、「とんでもないことが書かれている」

として、名古屋大学平和憲章（一九八七年）の次の一節を読み上げた。[11]

大学は、戦争に加担するというあやまちを二度とくりかえしてはならない。われわれは、いかなる理由であれ、戦争を目的とする学問研究と教育には従わない。そのために、国の内外を問わず、軍関係機関およびこれら機関に所属する者との共同研究をおこなわず、これら機関からの研究資金を受け入れない。また軍関係機関に所属する者の教育はおこなわない。

これに対して、下村文科大臣は、「(平和憲章は) 名古屋大学が発表したものではなく、昭和六十二年当時、名古屋大学の教職員、学生、名古屋大学消費生活協同組合の職員等の一部の者が集まり、私的立場で発表したもの」であり、名古屋大学からは「本憲章によって大学運営に影響は生じていない」との報告を受けていると答弁した。この答弁によって国会での追求は一応沈静化したが、問題の本質は他所にある。

名古屋大学の平和憲章は、当時の飯島宗一学長自身が起草に加わり、大学を構成する過半数の人々が賛同して制定された。そして、法人化後もしばらくは名古屋大学のウェブページから直接リンクが張られていた。つまり、平和憲章は大臣答弁のとおり大学運営規則上の意思決定機関が決議したものではないが、大学構成員の意思に基づいて制定されたものとして尊重されてきたのだ。

このことは、意思決定機関による議決があろうとなかろうと、大学構成員が自主的に確定し尊重する規範が存在しうることを意味する。つまり、大学の教育研究や管理運営の基本方針は、大学構成員の合意を基盤として成立するものであり、それはときとして法制上の意思決定手続きを経由することなく、構成員の総意が確認されることで十分事足りる場合があるということである。

しかし、それは下村文科大臣の言うような「私」ではなく、大学構成員が自主的に作り上げた「公」の空間における正式な合意形成であったと捉えるべきだろう。

とりわけ、教授会構成員以外の職員や学生など、公的意思決定機関のメンバーシップをもたない人々を含む全大学構成員が、大学自治、教育研究コミュニティーの自律的創造過程に参加する場合、合意形成とその確認はこういった形態を採る場合がありうる。ここにこそ、大学自治の生きた姿を見出すべきではないだろうか。

注

（1）折出健二「国立大学独立行政法人化の問題」『大学と教育』二七号（二〇〇〇年四月）四―一七頁。

（2）法制上は独立行政法人化と国立大学法人化は区別されており、またこの区別を明確にすることは実践的に重要だから、「国立大学の独立行政法人化（独法化）」という表現は適切でない。ただ、運営費交付金の配分や法人評価制度をルートとする国立大学に対する政府の管理統制が強まっており、今や政府が国立大学法人の教育研究機関としての特質を尊重しているとはまったく言いがたい状況が生まれている。

（3）大学・高等教育の国際化は、研究に関係するものとしては海外の研究者招聘、研究成果の国際的発進力強化など、教育に関係するものとしては留学生受入と送り出し、九月入学、セメスター制、英語による授業など、大学全体を巻き込む形で進められ、政府は国際化の進捗状況と成果を国際的大学ランキングで計ろうとしている。高等教育の実情を軽視した国際化を、ことの是非を論じることなく押し付け、成果主義的手法で強引に推し進めるという、何度も繰り返された「改革」風景が再現されている。

ただ、同じく高等教育の国際化といっても、イギリス・アメリカでは、国内の高等教育機関の海外進出を可能にするための条件整備、とりわけ外国の政府に高等教育を市場開放させ、高等教育の国際市場を形成することを内容としている。つまり、大学における教育研究とその成果（人材と知的財産）の商品化を前提に、国際的高等教育市場での利潤追求が準備されていると見るべきだろう。このため、日本でいうところの「国際化」にだけ注目していては、「教育の市場化」の本質と今後の展開可能性を見誤りかねない。

（4）東日本大震災後、復興予算確保の名目で、国家公務員給与の臨時減額が強行された。その際、政府には国立大学法人の労使関係に介入する権限がないにもかかわらず、国立大学法人にも職員給与の臨時減額を要請した。多くの国立大学法人はこの要請を従わざるをえないものとして、職員給与の減額が行われた。なお、現在、この給与減額の不当性を訴えて、全国大学高専教職員組合に加盟する一一単組が訴訟を提起している。

（5）次に述べるとおり、この質疑及び答弁は政府が教育基本法の「国を愛する心」条項を違憲的に解釈運用しようとしていることを表している。①首相らの言う教育基本法の趣旨とは「国を愛する心」（第二条）を指すと考えられるが、「国を愛する心」を教育目標として法定することが合憲であると言うなら、少なくとも個人が国を愛する愛し方について大幅な多様性が承認されなければならず、特定の愛し方を強制したり、「国を愛する心」

を表明することや特定の表現形式（敬礼や斉唱などの行為）による表明を強制したりすることがあってはならない。②入学式などの教育活動において国旗を掲揚して敬礼させたり国歌を斉唱させたりすることは、学生・教職員などの参列者に特定の表現形式によって「国を愛する心」を表明することを強制するものであり、思想良心の自由を侵害するものとして違憲と言わなければならない。③政府が国立大学に対して違憲性のある行為を「要請」し、国立大学による参列者の人権侵害を助長することは許されないし、国立大学はこの「要請」に応ずれば学生・教職員に対する人権侵害に手を染めることとなる。

(6) たとえば、文部科学省「設置計画履行状況等調査の結果について（平成二六年度）」（二〇一五年二月二一日）は、多くの大学で高等教育としての質が確保できていないことをことさら強調している。

(7) たとえば、教育再生実行会議「今後の学制等の在り方について（第五次提言）」二〇一四年七月三日。

(8) 拙稿「入試制度改革で分断される若者と日本社会――着々と準備される学制改革の意味」『世界』二〇一五年六月号（本章第一三章）。

(9) 日本の高等教育は、高学費と私費負担を特徴とする。このうち、私費負担は直接には公財政支出の抑制につながるが、結局のところ勤労者の賃金水準を押し上げる効果がある。グローバル企業の資本蓄積強化のためには、労働力の再生産コストを総体として資本の収益に見合った水準まで引き下げる必要があるのだろう。

(10) 問題が発見され、その本質理解に到達したとき、その問題はすでにほとんど解決されている。

(11) 第一八六回国会衆議院文部科学委員会第二四号（二〇一四年六月八日）。

VI　貧困からの自己解放を支えるために

第一五章　待ったなしの「子どもの貧困」対策
——実効性のある対策法の制定を

はじめに

一一月も半ばを過ぎたころ、近所の中学生が「高校に進学しない」と言い張り、担任教師もそれを放置していたが、母親が息子を説得し、教師にも進学の意思を伝え、やっとのことで昼間定時制高校を受験することになったという話を聞いた。今頃進路を決めるとは、ずいぶん出遅れたものだと思った。しかし、話を聞いているうちに、小学生のころ、わが家の庭から道路側にはみ出して実ったキイチゴを食べに来ていた男の子のことだとわかった。

この子が高校に行かないと言い張ったのは、よくある子育ての苦労話とは事情が異なる。この子の母親は一〇年ほど前に夫と死別し、その後は年長の子どもたちも仕事に出て、どうにかこうにか生計を維持していた。しかし、無理がたたって身体をこわし、入退院を繰り返している。厚生労働省の調べでも母子世帯の相対的貧困率は五〇パーセントを超えているが、その典型のような世帯なのだ。

高校を受験できることになってほっとしたのか、彼は「僕の家にはお金がないから、高校には行かれないと思っていた」と話し、「勉強しても無駄だと思っていた」と告白したと言う。私たちの眼の前には、経済的困窮が子どもに人生をあきらめさせてしまう現実がある。これとどう向き合うかが、私たちに問われている。

1　子どもの貧困対策法案をめぐる動き

現在開会中の第一八三回国会で、議員立法の形で子どもの貧困対策法（仮称）を成立させようとする動きがある。二〇一三年二月ごろから、自由民主党と民主党がそれぞれ法案作成作業を進めていた。両党の法案は現時点では未公開だが、民主党案の概要は『朝日新聞』（二〇一三年二月二三日）が報じ、自民党案については『東京新聞』（二〇一三年四月五日）がスクープした。このうち、『東京新聞』が両案の比較記事だったためか、官邸から両党間の協議打ち切りが指示されたと伝えられる。他方、二〇一三年二月二九日には、あしなが育英会・遺児と母親の全国大会・「なくそう！　子どもの貧困」全国ネットワークの主催で、子どもの貧困を実効的に削減できる子どもの貧困対策法の制定を求める院内集会が開催された。この集会にはほぼすべての与野党から議員が出席して、同法制定に賛同する意向を表明した。

しかし、四月中旬を過ぎた今も、法案の内容も法案提出の日程も見えて来ない。その原因の一つは、自民・民主両党間の調整が難航していることにありそうだ。両党間の主な対立点は、次の三点を法案に組み込むか否かという点にある。

①子どもの貧困削減の数値目標（子どもの貧困率）およびその達成義務

②対象とする子どもの範囲（年齢の上限）

③貧困率の継続的調査分析

子どもの貧困対策法に実効性をもたせるためには、貧困削減目標の明記と継続的調査分析は不可欠だし、対象年齢は「子ども」という言葉の日常的意味に捕らわれることなく政策課題に即して設定するのがよい。貧困削減目標が確定してこそ、子どもの貧困削減計画を合理的に設計することが可能になるし、貧困削減施策・事業を事後的に評価したり子どもの貧困削減計画を適切に修正したりすることもできる。何より、明確な貧困削減目標を示してこそ、子どもの貧困削減への国会としての決意を国民に示し、国民に協力を求めることもできる。貧困削減目標さえ示せないようでは、国民の信頼と協力は期待できない。

さらに、貧困削減目標を法律に定め、その達成を政府に義務づけることに成功したとしても、それだけでは子どもの貧困を実効的に削減することは期待できない。重要なことは、どういった理念・原理に基づいて子どもの貧困削減計画を設計・実施するかということにある。その際、現行制度の改善と効果的運用のほか、新たに必要な新制度の導入も視野に入れる必要がある。

同法案には、子どもの貧困削減計画の策定・実施を政府に義務づける条項を書き込むことが検討されている。しかし、もしもこの策定・実施が政府のフリーハンドにゆだねられることになれば（実際そうなりそうなのだが）、その途端、この法律は実効性を喪失してしまうに違いない。霞ヶ関あたりからこんな声が聞こえてきそうだ。「子どもの貧困を削減する制度としては生活保護制度や就学援助制度などがすでに存在しており、新たな制度を導入する必要はない。これらを適切に実施していくことにより、貧困削減目標は達成可能である」

しかし、低所得者に対する所得再分配を目的とする生活保護制度には、この制度が始まって以来の大規模な圧縮が予定されている。周知のように、社会保障審議会生活保護基準分科会の報告（二〇一三年一月二一日）にもとづいて、厚生労働省は生活保護の生活扶助の給付水準引き下げを内容とする二〇一三年度予算案を国会に提出済みであり、さらに今国会には生活保護法改正案と生活困窮者支援法（仮称）の提出が予定されている。これらは、生活保護の圧縮と、就労支援を通じた経済的自立の促進を内容とし、上記の給付水準の引き下げと相まって生活保護制度自体の縮小をもたらし、多くの低所得者が生活保護から閉め出される可能性がある。(1)

地方税非課税、国民健康保険一部負担金の減免、介護保険料・利用料の減額、障害者自立支援法による利用料の減額、就学援助などは生活保護制度と連動するように設計されているから、子どもの貧困率や経済的困窮度はこれまで以上に悪化することが予想される。政府からはすでに、相対的貧困率や子どもの貧困率は「無意味」だという趣旨の発言も聞かれる。これらは今後の貧困率上昇を意識したうえでの予防線ではないか。

こういった情勢に配慮して、貧困削減の実効性に関わるより本質的な論点に切り込むことは同法成立の障害となりかねないという意見もある。また、貧困削減の実効性はともかく、社会保障制度全体が後退局面に直面するなかで、子どもの貧困削減を基本理念とする法律が新たに制定される意義は大きいという評価も聞かれる。

しかし、実効性を伴わない形ばかりの法律は、経済的格差の拡大と貧困の深刻化をもたらすと予想される生活保護の圧縮と社会保障制度全体の後退を覆い隠す役割を担うことになりかねない。問題の本質を隠蔽したまま子どもの貧困対策法の帰趨《きすう》を政党間の密室協議にゆだねるのではなく、国民の前に問題の本質を明らかにし国民世論で政治を動かす努力が必要ではないだろうか。

とすれば、喫緊の課題は上記三点をどう決着させるかということには集約されず、子どもの貧困削減のための基本戦略に踏み込んだ議論が必要だ。また、子どもの貧困削減の方策を政府に白紙委任することなく、子どもの貧困削減の基本戦略について国民的議論を保障し合意形成をはかることも重要だ。これは国政の民主化のみならず、子どもの貧困削減への取り組みを一過的なものに終わらせないために必要なことだろう。

2　子どもの貧困の拡大とその認識状況

子どもの貧困は二〇〇九年頃から、子どもの貧困率という数値で表現されることが多くなった。政府はこの年初めて国民生活基礎調査のデータから算出された相対的貧困率と子どもの貧困率を公表したのだが、そのときすでに子どもの貧困率が一四・二パーセント（二〇〇七年度）に達していたことがわかり大きな衝撃を与えた。さらに、二〇一一年七月に新しい調査結果が公表されると、①二〇一〇年度には子どもの貧困率が一五・七パーセントにまで増大していたこと、②一九八五年度以来子どもの貧困率はほぼ一貫して増大を続け、この四半世紀で約一・五倍に拡大していたことがわかった。[2] これは子どもの貧困率が低い国々と比べて約三倍、ＯＥＣＤに加盟する二〇カ国中四番目に高い値だった。[3]

ここで、子どもの貧困率について簡単に説明しておこう。ＯＥＣＤは、所得再分配後の等価可処分所得の中央値の五〇パーセント未満で暮らす人々を相対的貧困にあると見なし、そういった人々が全人口に占める割合を相対的貧困率と定義している。ＥＵはＯＥＣＤとは別に独自の指標として「中央値の六〇パーセント未満」を基準に相対的貧困率を算出し両者を併用している。日本はＯＥＣＤの基準で計算しているが、ＥＵの算出方法に従えば貧困率はもっと高くなる。子どもの貧困率は一八歳未満の子どもについて相対的貧困率を算出した値である。もちろん、ほとんどの子どもには独自の所得はなく親の所得に依存して生活しているから、子どもの貧困率には子育て世帯の経済的困窮が投影されている。

一五・七パーセントはそれだけで十分インパクトのある値であり、多くの人々がこれに衝撃を受け、あまりの高さにその信頼性に疑いをもつ人々さえいた。しかし、むしろOECDやEUが定義する相対的貧困の尺度に当てはまらない人々は経済的に困窮していないと決めつけ、貧困対策を統計上の「相対的貧困」定義に当てはまる人々にだけ限定することの方が危険だ。後述するイギリスの子ども貧困法はこのことに自覚的であり、貧困対策からこぼれ落ちる子どもが生じないよう貧困を複眼的に捉えようとしている。

さらに、子どもの貧困率の高低を見るだけでは、子どもの貧困の実相は見えてこない。数値化することで抽象化された子どもの貧困の実相は、阿部彩『子どもの貧困』（二〇〇八年）、山野良一『子どもの最貧国・日本』（二〇〇八年）、湯澤直美・中西新太郎・浅井春夫・平湯真人編『子どもの貧困白書』（二〇〇九年）、「なくそう！　子どもの貧困」全国ネットワーク編『大震災と子どもの貧困白書』（二〇一二年）など、多数の書物で明らかにされてきた。それでもなお、子どもの貧困がこれほど拡大したことへの認識は薄い。その背景には、第一に、貧困の社会的偏在性があるだろう。貧困は今や日本社会の普遍的な現象であるが（貧困の遍在性）、同時に地域的にも社会諸関係においても貧困は偏って存在している（貧困の偏在性）。貧困にある人々の社会的隔離または社会的排除の可能性を疑うべきだろう。

第二に、敗戦直後の「浮浪児」や「欠食児童」が貧困としてイメージされがちで、携帯電話を手にしている子ども・若者が貧困にあると言ってもにわかには受け入れられない。貧困の現代的な現れ方がまだ広く共有されていないのだ（「貧困観の貧困」）。数年前、タレントが中学生時代のホームレス生活を書物に著して話題になったが、彼のホームレス生活の描写は古い貧困のイメージを復活させ一面的に固定化させてしまったのかもしれない。

第三に、子どもの貧困は親たちの配慮によってさらに見えにくくなっている。経済的に困窮していても、親たちは子どもにはできるだけそれと感じさせないように配慮しているため、子どもの貧困は外見だけではそれと分かりにくい形態で広がっている（貧困の潜在性）。しかし、子どもの身体や生活に少し注意を向ければ、隠れていた貧困が見えてくる。たとえば、食生活の乱れや歯科治療を受けられないために、貧困にある子どもたちに「口腔内崩壊」が広がっているとの指摘がある。(4)

「子どもの貧困率一五・七パーセント」は、実に子どもの六〜七人に一人が親の低所得に起因して相対的貧困の状態に置かれ経済的不利にさらされていて、さらに社会的・制度的諸関係からも排除され日常生活と生育・成長上の不利益を被っていることを意味している。貧困にある子どもに、そうした状態にあることの自己責任を問うことはできない。子どもの貧困解決は親の責任だという主張もある。努力しない親を責める気持ちはわからないでもないが、これは親の意思や能力に子どもの運命を委ねることを意味する。親子関係にあるとはいえ、他の個人の意思や能力を子どもが貧困から離脱するための条件とすることは正義にかなっているのだろうか。[5]

さらに、社会的コストから見ても、子どもの貧困対策のコストは貧困が生み出す社会的コストよりも少なくてすみ、早期に対策を講ずるほど社会的コストは小さく社会的リターンが大きくなると言われている。また、日本政府は学校教育を通じて規範主義的国家道徳を教え込むことで国民の国家への凝集性を確保しようとする傾向にある。しかし、貧困対策を含む社会保障制度の充実があってこそ、子ども・若者は社会を信頼し、自分も社会に貢献したいという気持ちを抱くのではないか。

3　イギリス子ども貧困法の教訓

イギリスでは、二〇一〇年三月二五日、「子ども貧困法」（Child Poverty Act 2010, http://www.legislation.gov.uk/ukpga/2010/9/contents）が制定された。サッチャー保守党政権による新自由主義改革の結果、イギリスの子どもの貧困率は他の欧米諸国と比較して飛び抜けて高くなっていた。政権を引き継いだ労働党は子どもの貧困削減を目的とする施策を講じてきたが、ブラウン政権の末期になって子どもの貧困削減を政府の恒久的な目標に位置づけるためこの法律を成立させたのである。[6]この法律には、①子どもの貧困根絶に関する目標、②子どもの貧困委員会の設置、③大臣の子どもの貧困根絶戦略の策定・実施・報告の義務等、④地方自治体等の義務、などがコンパクトに規定されている。同法をそのまま引き写すことには賛成できないが、日本の子どもの貧困対策法の先行事例として注目すべき法律だろう(7)。

この法律の特徴は、第一に、二〇二〇年度末までに達成すべき貧困削減の四つの数値目標を次のように定めていることにある。

①相対的低所得に関する目標：子どもの相対的貧困率（所得の中央値の六〇パーセント未満の世帯で暮らす子どもの割合）を、二〇二〇年度末までに一〇パーセント未満にする。

②低所得と物質的剥奪の複合に関する目標：低所得（中央値の七〇パーセント未満）と物質的剥奪の複合的状態に置かれている子どもの割合を、二〇二〇年度末までに五パーセント未満にする。

③絶対的低所得に関する目標：二〇一〇年度の世帯所得の中央値の六〇パーセントの金額を基準とする子どもの貧困率を、二〇二〇年度末までに五パーセント未満にする。

④貧困の継続に関する目標：相対的貧困の状態が三年以上継続する子どもの割合を、二〇二〇年度末までに政府が定める目標未満にする。

四つの数値目標があるのは、①の相対的貧困（率）だけで貧困をとらえるのは適切ではないと考えられているからだ。②は、相対的貧困というほどには低所得でなくても、他の子どもたちが共有する生活体験が奪われている状態（物質的剥奪）も貧困と捉え、それを削減することを政府に義務づけたものだ。③は、二〇一〇年度の貧困線を二〇二〇年度に適用することで、景気変動や物価水準による貧困率の見かけ上の改善を排除しようとするものだ。④には、貧困が継続すればするほど子どもが受けるダメージが大きくなり、貧困の世代間連鎖を招くとの認識から、貧困からの早期離脱を目的とする施策の実施を促す意味がある。

上記四つの目標で子どもの貧困を十分に捕捉できるとは言い切れないし、②の物質的剝奪の指標をどう定めるかによっても子どもの貧困の内実は異なる。しかし、これらは子どもの貧困を見落とすまいとする意思の表われと見てよいだろう。

新自由主義政策は種々のナショナル・ミニマムを切り下げ、子どもの貧困を増大させてきた。子どもの貧困削減の数値目標を明記し、その達成を政府に義務づけたことにより、政府にナショナル・ミニマムの再設定を促す効果が期待される。

この法律の第二の特徴は、これらの目標を達成するため、法律制定後一年以内に、したがって二〇一一年三月二五日までに、「子どもの貧困根絶戦略」を策定・報告・公表するよう、政府に義務づけていることだ。また、子どもの貧困削減の進捗状況とそれに基づく施策の改善に関する年次報告の作成・公表も、政府に義務づけている。これらは、貧困削減目標の空文化は許さないというメッセージであり、これにより政府の責務が明確にされている。

日本にも「〇〇基本法」といった名称の法律が多数存在するが、それらは一般に達成すべき政策目標を明示し、政府に「〇〇振興基本計画」の策定義務を課している。また、その法律の幾つかには達成すべき数値目標も明記されている。これらはイギリスの子ども貧困法と同タイプの法律と言えるだろう。

ここで見落としてならないのは、「子どもの貧困根絶戦略」の策定・評価プロセスへの貧困当事者やその支援者の参加が保障されていることだ。子どもの貧困根絶戦略は子ども貧困委員会の審議に基づいて担当大臣が策定することになっているが、委員の選任にあたって貧困当事者及び支援者を加えることが義務づけられている。政府の貧困対策はしばしば貧困当事者のニーズと不適合を起こしており、また社会保障給付の申請過程等で貧困当事者の尊厳が不当に傷つけられる場合も少なくない。貧困当事者・支援者の意見反映に道を開いたことは高く評価すべきだろう。

さらに、「子どもの貧困根絶戦略」には、①子どもの貧困を削減する方策と、②貧困世帯の子どもに社会経済的不利を経験させない方策を書き込むこと、とされた。これには、立法を通じて同戦略の政策枠組みをあらかじめ設定することにより、政府にこの二つの方策に対応する貧困削減施策の策定実施を義務づける効果が期待され、貧困削減の数値目標の明記と並んできわめて重要な意味をもつ。

このうち、①は、親の低所得や容認すべからざる所得格差を削減するために必要な施策群によって構成され、所得の市場的分配の公平性を高めたり、政府の所得再分配制度を通じた所得格差を是正したりする施策を含むことになるだろう。子どもの貧困は差し当たって親の低所得と密接に結びついており、子どもの貧困削減は子育て世帯の貧困削減とほぼ同義と考えられるから、雇用の安定、所得水準の確保、税・社会保障による所得再分配などの施策の改善充実が課題となるだろう。

また、②は、他の子どもが経験できる社会的経験や享受している社会サービス（教育・学習、医療など）から、貧困ゆえに排除されてしまう子どもをなくすために、無償給付・現金給付・費用補助などの金銭・現物・サービスの給付とともに、生活・学習・職業など全生活領域にわたる一貫した支援の充実を要請する。(8) 貧困にある子ども・若者は経済的不利だけでなく、それに起因する社会的排除や人間関係が切断された状態に置かれていることが多い。このため、単なる金銭・現物給付だけでは不十分であることは言うまでもなく、子ども・若者への支援を準備して待っているだけでも不十分で、貧困にある子ども・若者が現にそれらを利用できるよう適切な配慮を尽くすことが必要である。

イギリスの子ども貧困法に、上記①と②を子どもの貧困根絶戦略に盛り込むことを義務づける条項が置かれた背景には、第一に労働党の貧困政策の転換が関係していると考えられる。ブレア労働党政権は「就労による貧困からの離脱」に傾斜し、税・社会保障による所得再分配を軽視する傾向にあったが、ブラウン政権はその反省に立って所得再分配重視に転換しつつあった。また、貧困にある子どもが良好な成長発達環境を奪われていることに着目して、単なる所得保障にとどまらず、子ども・若者の暮らしと学びを支えるための社会的サービスの充実を図っていた。つまり、親の就労促進によって子どもの貧困を親の自助努力で解決させるのではなく、子ども・若者のニーズに政府として直接応答しようとしたものと言えよう。

第二に、二〇一〇年の総選挙で政権交代があった場合も、次期政権が「就労による貧困からの離脱」に逆戻りしないよう歯止めをかける意図があった。しかし、保守・自民連立政権が二〇一一年三月二五日に公表した子どもの貧困根絶戦略「子どもの貧困への新しいアプローチ：不利の原因に取り組み、家族の生活を変える」は、労働党が危惧したとおり、経済的自立による社会移動＝貧困からの離脱といった考えに基づいて構成され、社会福祉よりも貧困にある子どもの親や貧困に陥る可能性の高い若者に経済的自立の「チャンス」を与えることに力点が置かれている。これにより、ブレア労働党政権の所得再分配の拡大方針は頓挫し、「就労による貧困からの離脱」に逆戻りしたと言わなければならない。

イギリス子ども貧困法は周到に準備された法律ではあったが、同法成立のための政治的妥協の結果、子どもの貧困削減戦略の策定過程には政府のフリーハンドの余地が多く残されていた。これなくしては同法の成立はおぼつかなかったかもしれないが、同時にそれが貧困削減戦略を後戻りさせたことを見落としてはならないだろう。

4　実効性ある子どもの貧困対策法の制定を

イギリスの経験と日本の現状を踏まえて言えば、子どもの貧困対策法の制定にあたっては少なくとも次の諸点に関する社会的合意を形成し、これらを条文として定着させておくよう努力すべきだろう。

(1) 低賃金・不安定雇用の削減

子どもの貧困は親の低所得を原因とするという認識はしばしば、「子どもの貧困＝親責任」論を導き出す。しかし、日本では子どもの貧困率の高さに比して親の失業率はきわめて低く[9]、親責任論に根拠はない。むしろ、低賃金・不安定雇用を拡大させた日本の労働市場にこそ、親の低所得を生み出す構造的原因がある。安倍政権が設置した日本経済再生本部の産業競争力会議では、労働市場の流動性をさらに高めるため解雇の金銭解決や、サービス残業の合法化に等しいホワイトカラー・イグゼンプションの導入が検討され始めている。これでは子どもの貧困削減どころか、低賃金・不安定雇用の拡大→子育て世代の相対的貧困の拡大→子どもの貧困拡大は必至だろう。子どもの貧困対策法はこの政策の転換を求めるものでなければならない。

(2) 税・社会保障による所得再分配と公的サービスの無償化・軽費化

もし産業構造の変化や国際競争力強化のために労働市場の流動化が不可欠だと言うなら、つまり経済・産業社会の事情で労働力移動を促進しなければならないと言うなら、解雇された勤労者とその家族の生活が破壊されることのないよう徹底した社会保障制度の拡充が必要である。政府は就労促進のための再教育を強調するが、それだけではこの問題は解決しない。また、たとえば授業料無償に留まっている義務教育無償（日本国憲法第二六条第二項）の対象費目の拡大や、経済的困窮者に対する就学援助の拡充、高校・大学の授業料負担の軽減や給付制奨学金の導入を通じて、公的サービスの無償化・軽費化を進めることで、親の低所得が子どもの貧困に直結する構造を改めることが求められる。

（3）子どもへのきめ細かな支援活動への公的援助の拡充

子どもの貧困問題の解決は子どもの貧困率削減と同義ではない。後者は貧困問題解決への里程標の一つに過ぎない。貧困率削減とともに、あるいはそれ以上に重要なことは、低所得世帯の子どもに貧困とそれが生み出す社会的不利を経験させることなく、他の子どもたちと同じように社会的・文化的成長を保障することである。そのためには、大人や年長の若者からのきめ細かな支援活動が不可欠だ。貧困ゆえに適切な子育てができない親の下で育っている子どもたちには社会的支援がどうしても必要なのだ。そういった支援活動に従事する人々を支える公的援助の拡充もまた子どもの貧困対策法で明確に位置づけるべきだろう。

注

（1）吉永純「生活保護基準引き下げと制度引き締め――社会保障解体への一里塚」『季刊自治と分権』五一号（二〇一三年四月）三八―五六頁。

（2）厚生労働省「平成二二年度国民生活基礎調査の概況」（二〇一一年七月一二日）。

（3）UNICEF, *Measuring Child Poverty: New League Tables of Child Poverty in the world's rich countries* (Innocenti Research Centre, Report Card 10, 2012).

（4）全日本民主医療機関連合会歯科部『口から見える格差と貧困――歯科酷書』（二〇〇九年一一月）、同『格差と貧困が生み出した口腔崩壊　歯科酷書第二弾』（二〇一二年六月）。

（5）生活保護法でも、親族による経済的支援を生活保護給付の条件としていない。親族による支援を条件とすれば、「健康で文化的な最低限度の生活」の保障が親族の意思次第で制限されてしまうという不正義が生ずるからであろう。

（6）「なくそう！　子どもの貧困」全国ネットワーク編『イギリスに学ぶ子どもの貧困解決』（かもがわ出版、二〇一一年）所収のフラン・ベネット「イギリスは子ども貧困にどのように取り組んでいるか」を参照。

（7）拙稿「イギリスの子ども貧困法に学ぶ」『教育』第六〇巻第七号（二〇一〇年七月）九〇―九六頁。同「総合的な子ども法制と教育行政――イギリス子ども貧困法に学びつつ」『教育行政学会年報』第三七巻（二〇一一年一〇月）一九三―一九六頁。

（8）イギリスの子ども・若者支援については、前掲書『イギリスに学ぶ子どもの貧困解決』所収の岩重佳治「現地調査から学ぶイギリスの子どもの貧困対策」を参照。

（9）UNICEF, *Child poverty in perspective: An overview of child well-being in rich countries* (Innocenti Research Centre, Report Card 7, 2007).

第一六章　子どもの貧困からの自己解放
――自分自身の世界を知る権利を手がかりに

1　認識は広がり、深まっているか

今日、子どもの貧困は、法制上は、国が対処すべき社会問題の一つとされている。しかし、そのような認識や一応の合意が成立したのは、せいぜい二〇〇八年以降のことだ。ほんの少し前には、貧困をキーワードにした現状認識には現実味がないと考えられていた。

こんな経験がある。二〇〇七年秋、ある学会の課題研究のテーマを決める会議で、親の低所得や所得再分配制度の機能不全に起因し、義務教育無償制の不徹底によって拡大する教育格差を取り上げるよう提案したところ、他の委員から「日本に貧困問題が存在すると考えているのですか」と聞き返された。途上国にならともかく、日本については貧困という問題設定は適切ではないと言うのだ。ところが、二〇〇八年一〇月、日本の子どもの貧困率が一四パーセント（二〇〇五年）に達していたことが伝えられると[1]、その学会の大会参加者の半分以上が子どもの貧困に関

する分科会に集まり関係者を驚かせた。

二〇〇八年以降の展開には目を見張るものがある。たとえば、浅井春夫・松本伊智朗・湯澤直美編『子どもの貧困——子ども時代のしあわせ平等のために』（明石書店、二〇〇八年）、阿部彩『子どもの貧困』（岩波書店、二〇〇八年）、貧困当事者・援助者、学校・福祉・医療関係者、行政関係者、弁護士、研究者、ジャーナリストなど一〇〇人以上が執筆に参加した『子どもの貧困白書』（明石書店、二〇〇九年）を皮切りに、子どもの貧困を扱う書籍が多数刊行され、一般誌・学術誌にも関連する論文が多数掲載されるようになった。

子どもに対する支援活動も活発化した。経済的困窮家庭の子どものために無料または軽費の学習支援が全国各地で展開されているほか、低料金でバランスのとれた食事を提供する子ども食堂も誕生している。経済的困難やそれに起因する問題に直面している子どもや親の相談に乗ったり、相談内容に応じて適切な行政機関や福祉施設に繋ぎ、必要な場合は申請手続のために役所に付き添ったりする活動も行われている。

二〇一三年六月一九日には子どもの貧困対策の推進に関する法律が成立し、二〇一四年一月一七日に施行された。政府は、同法に基づき、二〇一四年八月二九日、子供《ママ》の貧困対策に関する大綱を閣議決定した。こういった政治の動きは、子どもの貧困問題に関する市民運動や世論の動きに押されたものと見てよいだろう。同法制定の動きは二〇〇九年一二月の第二一回遺児と母親の全国大会を起点とするから、たった三年半で法律制定に漕ぎ着けたことになる。市民運動発の法律制定運動がこれほど短期間で一定の成果を見るのは稀だ。

しかし、気がかりなこともある。

第一に、子どもの貧困という言葉で表現される事態が、現実味をもって認識されていないかもしれないということだ。日本には子どもの貧困は存在しない、と答える学生は少なくない。子どもの貧困はお笑い番組やタレントのギャグ（ボンビーガール、ホームレス中学生）にすぎないと言う学生もいる。

家庭では満足に食事が与えられないために、学校給食のない夏休み明けには体重が減ってしまう子どもがいること。国民健康保険の保険料が払えないために、[2]また保険料を払っていても診察料が支払えないために、病気や怪我をしても病院で治療を受けられない子どもがいたこと。こういった事実をていねいに紹介し、新聞記事などを手がかりに自分自身で子どもの実態を調べるよう課題を与えることで、学生たちの認識は変化していく。多くの学生は、子どもが貧困ゆえに理不尽な生活や人生を押しつけられている事実を認識すれば、そういった境遇にある子どもたちに共感し、その事態を問題視し始める。子どものために何かできることはないかと考え始める学生もいる。

しかし、子どもの貧困に関する情報量は決して少なくないし、困窮する子どもに共感する力はもっているのに、子どもの貧困への認識は広がっていないのだ。貧困の偏在性ゆえに、身近な問題として認識できないのだろうか。それとも、貧困問題が社会全体を覆う普遍的な問題になっているがゆえに、解決すべき問題として認識できなくなっているのだろうか。

第二に、子どもの貧困と呼ぶべき現実は知っていても、それらを子どもの貧困という共通項を含む一連の問題とは認識していないために、あるいは子どもの貧困という概念が獲得されていないために、子どもの貧困という社会問題の存在を認識できない人も少なくない。貧困と呼ぶべき事実は認識しているのに、それを貧困問題とは認識していないのだ。

たとえば、学校給食費未納、朝食抜きの登校、高校中退者の増大などはマスコミの報道を通じて知っているのに、それらが子どもの貧困という共通の根っこをもつことが認識されていないために、それらはそれぞれ親のモラルや規範意識の低下、親の怠慢、本人の努力不足に起因する個人的な問題であると認識されてしまう。しかも、それらを個人的要因に起因する問題だと認識したとたん、親や子ども本人の責任を問い、苦しんでいる人々に対する糾弾に発展してしまう。

つまり子どもの貧困という言葉が、国民の間にある程度浸透しているのに、それが目前の現実を認識する手がかりとして働いていないのだ。これには、子どもの貧困は親の低所得に起因するもので責任は親にあるとか、貧困にある子どもには必要な支援をするが貧困からの離脱は子ども自身の努力と自己責任でといった、「貧困＝自己責任」論とでも言うべき言説が関与していると思われる。

法律制定や大綱策定を見ると、子どもの貧困問題の解決に向けて動き始めているように見えるが、子どもの貧困に関する認識の深まりや問題解決への合意形成が成立する前に、それを先取りする形で政治や行政が先に進み、それらが前提とする貧困観に多くの人々が巻き込まれているのではないだろうか。

2　相対的貧困概念の功罪

二〇〇八年以降の展開を牽引したのは、相対的貧困概念と子どもの貧困率だっただろう。相対的貧困とは等価可処分所得の中央値の五〇パーセント未満の所得で生活する状態を言い[3]、そういう生活を強いられている子どもの割合を子どもの貧困率と言う。

貨幣経済が発展した国に暮らす人々は、生活に必要な物品やサービスを手に入れるためにその対価を貨幣で支払わなければならない。そのため、一定量以上の貨幣を保有していないと、その国での生活に支障が生じてしまう。そこで、ＯＥＣＤ（経済協力開発機構）は、一つの目安として、必要な貨幣量を「等価可処分所得の中央値の五〇パーセント」と定め、それに満たない所得で暮らす人々は貧困の状態にあると定義し、そういう人々の割合を相対的貧困率とした。これを一八歳未満の子どもに適用したのが、子どもの貧困率である。

阿部彩氏は、「相対的貧困とは、人々がある社会の中で生活するためには、その社会の『通常』の生活レベルから一定距離以内の生活レベルが必要であるという考え方に基づく」もので、「人として社会に認められる最低限の生活水準は、その社会における『通常』から、それほど離れていないことが必要であり、それ以下の生活を『貧困』と定義している」と説明している[4]。つまり、OECDは、「等価可処分所得の中央値」に「『通常』の生活レベル」を代表させ、その五〇パーセントを「一定距離以内の生活レベル」と貧困との境界線にしたのである[5]。

相対的貧困概念の意義は、主として途上国に見られる絶対的貧困[6]とは異なる貧困問題が先進国にも存在することを認識させ、さらにそれを定量的に認識可能な形で表現したことにある。また、これにより、貧困率の時系列的分析や国際比較が可能になり、各国の国民や政策立案者に、子どもの貧困は政策的に対処すべき課題であると認識させた。

しかし、相対的貧困概念や子どもの貧困率では捉えきれない現実もある。

それは第一に、相対的貧困率や子どもの貧困率では、個々の世帯や個人の時系列的な状況変化を捉えることはできないということだ。

子どもの貧困率は、その社会に子どもの貧困がどの程度存在しているかを量的に表すスチル写真のようなものだ。経済的貧困という視点で写し撮った社会のポートレートと言ってもよいだろう。スチル写真を時系列的に並べれば、パラパラ漫画のように貧困の量的変化を概観することは可能だ。しかし、個々の世帯や個人の状況はスチル写真に収めた時点で捨象されてしまう。子どもの貧困率は社会全体の状況をざっくりと捉えることには役立つが、貧困の実態をきめ細かく捉えるには網の目が粗すぎるのだ。

たとえば、貧困状態が長く続けば続くほど、子どもの成長発達や社会的自立に否定的な影響が強まるから、貧困に陥った家族はできるだけ早期に貧困から離脱させることが重要だ。このため、イギリスの子ども貧困法では、子どもの貧困削減の数値目標の一つとして貧困状態の時間的継続に関する指標を定め、子どもをできるだけ早く貧困から離脱させることを政策課題としている。(7) 相対的貧困率だけでは、子どもの貧困をきめ細かくモニターすることはむずかしいのだ。

第二に、子どもの貧困率は、再分配後の等価可処分所得に基づいて算出され、家計支出の構造の国による違いやその時系列的変化はもともと射程に入っていない。このため、子育て・教育に必要な物品やサービスの対価を可処分所得の中から支払わなければならない国の貧困率と、それらが無償供与される国のそれとを単純に比較することはできないのだ。

日本では、幼児教育と高等教育への公的支出が少なく、幼児教育費・高等教育費が家計負担（つまり主として親の収入）に依存しているため、各世帯は可処分所得から多額の教育費を支出せざるをえない。(8) このため、世帯の可処分所得の多寡がそのまま子どもの教育を受ける機会の格差に直結しやすく、子どもの貧困率で表される以上に深刻な実態が存在する可能性がある。逆に言えば、教育費の公的負担割合を増して教育費の家計依存度を抑えれば、所得格差が教育格差を生み出すのを抑制できる可能性がある。つまり、相対的貧困にだけ注目していると、講ずべき貧困対策の選択肢を自ら限定してしまう可能性さえあるのだ。

第三に、これが最も重要な点であるが、相対的貧困概念は貧困を生み出す社会的メカニズムにはまったく無関心であるということだ。貧困が社会的要因で生み出されるのか、個人的属性や要因によって貧困に陥るのかという根本問題にさえ、何も答えていない。

相対的貧困概念が「貧困を測る」ことを可能にし、政府や政策立案者に貧困対策の必要性を認識させたことはすでに述べた。その際、この概念は、貧困の産出メカニズムに言及しないことで、貧困問題をめぐる政治的・イデオロギー的対立を回避し、多様な立場の人々に政策ツールとして受け入れられた。

これを長所と呼ぶとすれば、その長所はそのまま短所でもある。たとえば、政府が策定する貧困対策が貧困産出メカニズムに切り込まない弥縫策に終始したとしても、相対的貧困概念からは政府の政策を批判する視点は生まれにくい。また、政治的・イデオロギー的対立を回避したことは相対的貧困の価値中立性を意味していると言えるかもしれないが、既存の社会構造に切り込まず、その根本的改造の必要性を隠蔽してしまう点では、きわめて政治的・イデオロギー的な概念であると見ることもできる。

したがって、貧困を測定することとは別に、貧困の産出メカニズムを解明し、その解消のための道筋を社会構造の中から析出することが課題として認識されなければならない。つまり、貧困の本質規定を含む貧困概念の確立が必要なのである。

その際、少なくとも次のことに着目しなければ、この三〇年、日本で子どもの貧困が増大・深刻化し続けていることを説明することはできないのではないか。

(A)低賃金・不安定雇用の増大と賃金水準の低下がもたらす富の市場的分配の著しい偏りと低所

得層の増大（経済的搾取の強化）。
(B)累進課税の緩和、消費税による大衆課税の強化、年金・医療・介護保険料による国民負担の増大（収奪の強化）と、生活保護・就学援助の縮小や各種社会保障給付の圧縮（再分配制度の劣化または機能不全）。
(C)良質な保育の供給不足、一人親世帯や親のいない子どもを支える社会制度、親に過度な負担を求める保育・教育の私費負担構造など、子育て・教育制度の機能不全。
(D)貧困産出メカニズムに対抗する社会的勢力の衰退と、貧困にある人々を支える社会的連帯の未成立。

日本では、安定的雇用を保証する制度が次々に取り払われて雇用の流動化が進む一方で、組織率の低下が労働側の交渉力を低下させ、さらに雇用保険など失業者を守る制度も劣化している。このため、子育て世代の親が失業または低所得に陥る可能性は高い。しかも、子育て・教育制度がもともと構造的な機能不全に陥っているため、親が何らかの事情で低所得状態になると、その世帯の子どもはたちまち貧困に直面してしまうのだ。

戦後日本で歪みを内包しながらも、勤労者が安定した生活と人生を送る上で一定の役割を果たしてきた雇用・社会保障・保育・教育などの社会制度が、この三〇年ほどの間に、次々に破壊または劣化させられたことが、比較的簡単に子どもの貧困が産出される経済的・政治的メカニズムを作り出したと考えられる。しかも、こういった社会状況が社会・政治体制に危機をもたらすどころか、かえって経済的支配と政治的統治を安定させている。

このメカニズムに切り込まないかぎり、あらゆる貧困対策は弥縫策にすぎず、貧困問題を根本的に解決する展望を開くことはできないだろう。

子どもの貧困が現代日本社会によって構造的に生み出されるものであるとすれば、「学習支援・就労支援→経済的自立→貧困からの離脱」というシナリオではなく、貧困を算出する経済的・政治的メカニズムそのものを改造する戦略をもたなければ、子どもの貧困の削減・根絶は不可能だと結論づけなければならないのではないか。

3　貧困からの自己解放

ここで、ユネスコの「学習権宣言」（一九八五年）を手がかりに、貧困とそれを生み出す社会構造からの自己解放について考えたい。

「学習権宣言」は、学習や教育の意義を単に抽象的・理念的に述べたものではなく、政治的抑圧と隷従、経済的支配と貧困、文化的支配と固有の文化の喪失が存在する現実を踏まえつつ、そういう現実を生きる人々にとっての学習の意義と権利性を確認した歴史的文書である。

その冒頭では、学習権が多様な視点から定義されている。その中に、学習権とは自分自身の世界を知り、歴史を書き綴る権利であるという印象的な一節がある。

ここで「自分自身の世界を知る」とは、自分を支配・抑圧する他者にとって都合よく描かれた世界像（自然、人間、社会）の押しつけに甘んずることなく、自分自身の視点に立って世界像を描き直すことを意味するのだろう。そして、「歴史を書き綴る」とは、自分自身の文脈から歴史を再解釈することを意味する。要するに、自分自身の世界を知り、歴史を書き綴る権利とは、他者から押しつけられた世界像・歴史像・自己像を乗り越えて、世界と歴史の認識を通じて尊厳ある自己像を確立する権利が保障されなければならないと言っているのだ。

他者から押しつけられた否定的自己像を乗り越えないかぎり、否定的な自己像を押しつける構造から自己を解放することも、自律的自己を形成することもできないのだ。

「貧困＝自己責任」論を容認するかぎり、現在貧困にある者もそうでない者も、貧困を産出する経済的・政治的メカニズムから自己を解放することはできない。「プライドが許さない」と言って生活保護の受給を拒む人がいる。しかし、そのプライドは「貧困＝自己責任」論によって押しつけられたプライドにすぎず、貧困産出メカニズムからの自己解放を阻んでいる。貧困に陥るまいと生き残り競争に積極的に参加する人々もまた、「貧困＝自己責任」論に囚われ、競争主義に立脚しないかぎり肯定的自己像を見出せなくされている。

この意味で、貧困を産出する経済的・政治的メカニズムの解明は、社会から貧困を削減・根絶する道筋を切り開くために必要であるだけでなく、貧困にある人にとっても、今は貧困ではない人にとっても、肯定的自己像の確立と貧困を生み出すメカニズムを乗り越える意思と能力を獲得するためにも不可欠の課題なのだ。

しかし、貧困からの自己解放とは、このメカニズムを子どもたちに理解させ、貧困からの解放闘争の戦士に仕立てるという意味ではない。子どもたちの日常生活の中には、否定的自己像を押し付け、貧困に起因する諸困難（「支援」を媒介に押しつけられる自立や過度な努力の強要を含む）を受け入れさせる関係性が組み込まれている。この関係性を組み替えていくことが、子どもが貧困から自己を解放する手がかりになるはずだ。学習支援の活動に即して、少し具体的に考えてみよう。

政府が定めた貧困対策大綱には、「教育の支援」として学習支援事業が盛り込まれている。政府が学習支援に力を入れる背景には、生活保護世帯の子どもの高校進学率と卒業率の向上を、子どもの貧困削減の指標に掲げていることが関係している。ここには、高校進学に必要な学力を付けるためには中学校の授業だけでは不十分であり、一般家庭の子どもが学習塾に通うのと同じように、無料で学習支援を提供する必要があるという考えがあるのだろう。

経済的困窮家庭の子どもが深刻な学力問題に直面していることはすでによく知られている。子どもたちの学力形成を保証する取り組みは必要だ。ただ、施策として推進されている学習支援事業には、(1)学習支援の対象者を原則生活保護世帯の子どもに限定していること、(2)ボランティア団体への支援事業としているため、支援活動の地域的偏在性、事業継続の不安定性、支援者と被支援者の地域的ミスマッチなどの問題があること、(3)学習支援の成果を高校進学率を尺度に成果主義的に評価しがちであることなど、解決しなければならない課題は少なくない。

ただ、学習支援の取り組みを通じて、学習支援をする学生にも、支援を受ける子どもたちにも、新しい認識と展望が生まれつつあることには注目すべきだろう。

私の研究室に属する学生たちはここ数年、自治体からの委託を受けて、中学生の学習支援活動を行っている。聞けば、中学生が持ち込むプリントの問題を解くのに、学生たちが四苦八苦することもあるようだ。しかし、学習支援を受ける中学生たちはこれを「何人ものお兄さん・お姉さんが、自分一人のために、長い時間を費やしてくれた」と受け止めており、相互のがんばりが他者への信頼や自己肯定感を生み出している。また、こういった経験を通じて、学生たちは、「子どもたちには『居場所』がないんだ。学習支援も大切だが、あの子たちのためには『居場所づくり』こそ必要だ。」と考えるようになった。これは新しい政策ビジョンの萌芽である。

高校進学率向上を目標とする学習支援事業という枠組みで考えているかぎり、「居場所づくり」は何とも漠然としており、政策的課題にはなりそうもないと判断されるかもしれない。しかし、学生たちの言う「居場所」を、(1)一人ひとりが人間として大切にされ、それを実感できる関係性、(2)自分自身の価値や能力を認識し、それらを発展させられる機会が与えられる関係性、(3)他者に援助を求め、他者を援助する関係性、これらを成り立たせる場と捉え直せば、子どもたちの人間的成長と社会的自立にとって不可欠なものであることが認識できるだろう。

こう考えてみると、居場所づくりの取り組みは、子どもたちに安逸な空間を提供するということではなく、否定的な自己像を押しつけられている子どもたちが、仲間との交流を通じて集団的に、しかも一人ひとり自立して、肯定的自己像を取り戻すのを支える取り組みにほかならないことに気づく。

高校入試対策の学習支援を全面的に否定するつもりは毛頭ないが、それだけでは子どもたちを貧困産出構造に縛りつけることになりかねない。居場所の創出と、自分自身の世界を知り、歴史を書き綴られるようにする学習の保障を通して、貧困にある子どもも、いまは貧困でない子どもも、ともに貧困からの自己解放に歩み出せるようにすべきなのだ。

注

（1）OECD, Growing Unequal? Income Distribution and Poverty in OECD Countries (OECD, 2008).

（2）二〇〇八年一二月の国民健康保険法改正により、保険料未納世帯でも中学生以下の子どもには保険証が発行されることとなった。

（3）ＥＵ（欧州連合）は、等価可処分所得の中央値の六〇パーセントを貧困の境界線とし、ＯＥＣＤよりも貧困を広く把握している。

（4）阿部彩『子どもの貧困』（岩波新書、二〇〇八年）。

（5）相対的貧困は所得にだけ着目し、資産や預貯金を考慮していないとの指摘がある。たしかに、所得は少ないが資産や預貯金は十分にあって貧困に陥っていないという状態を想定できなくはない。しかし、貯蓄残高は貯蓄（可処分所得から消費支出を除いたもの）の積み重ねだから、そのような状態はレア・ケースと見なすべきだろう。また、金融広報中央委員会「家計の金融資産に関する世論調査」（二〇〇四年）によれば、全世帯の二一・八パーセントが「貯蓄残高ゼロ世帯」であり、二〇代では三七・四パーセント、三〇代では二五・三パーセントに達していた。これを踏まえれば、少なくとも一般勤労世帯については、低所得を資産や預貯金の取り崩しで埋め合わせれば貧困に陥らないと考えることは、現実味のある想定とは言えないだろう。

（6）相対的貧困に対して、絶対的貧困という概念がある。これは、自己の身体を維持するために必要な最低限度の栄養さえ摂取できない状態にあることや、あらかじめ定めた所得水準以下であることを貧困と定義するものだ。このため、絶対的貧困は、貨幣経済が未発展な途上国における飢餓問題を把握するためには有効な概念である一方、飢餓とは異なる様相で表れている先進国の貧困を捉えたり、所得水準の異なる国々の貧困を国際比較したりすることに用いるのは適切ではないだろう。

（7）「なくそう！　子どもの貧困」全国ネットワーク編『イギリスに学ぶ子どもの貧困解決』（かもがわ出版、二〇一一年）。

（8）可処分所得とは、収入から税・年金保険料などを差し引き、年金や給付金を加えた額を言う。つまり、「可処分」とは、法的・制度的な視点から見て、支出目的や支出先が各世帯の判断に委ねられているという意味に過ぎず、実際には各世帯は社会保障制度から抜け落ちている社会的サービスを調達する費用を家計から支出することについて選択の余地はほとんどない。

第一七章　拡大させられる「教育の機会不均等」
——子どもの貧困対策と大学等就学支援法を問う

1　自助努力と人材育成を柱とする子どもの貧困対策

子どもの貧困対策の推進に関する法律（以下「子どもの貧困対策推進法」）に基づいて、政府が二〇一四年に閣議決定した「子供の貧困対策大綱」（以下「大綱」）には、「基本的な方針」として、「子供の貧困対策は（中略）貧困の世代間連鎖を断ち切ることを目指すものであるが、それとともに、我が国の将来を支える積極的な人材育成策として取り組む」と書かれている。ここには、子どもの貧困対策を貧困の世代間連鎖の解消と積極的な人材育成を目指す政策に歪めようとする、政府の意図が滲み出ている。

子どもの貧困対策推進法は、子どもの貧困対策の目的を、「子どもの将来がその生まれ育った環境によって左右されることのないよう、貧困の状況にある子どもが健やかに育成される環境を整備するとともに、教育の機会均等を図る」（第一条）ことと定めていた。[1] 残念ながら、これは貧困状態にある子どもを可及的速やかに貧困から抜け出させることではなく、子どもが将来において自助努力によって貧困連鎖を断ち切ることを支援するという意味に留まる。このため、大綱では「教育の支援」に関するメニューが目立ち、「子どもの貧困に関する指標」の多くは教育の成果（進学・卒業・就職）に関するものだ。

ここで用いられている「教育の機会均等」という言葉は、基本的人権としての教育の平等保障という意味ではない。政府は子どもの貧困対策推進法の目的から逸脱して、子どもの貧困対策を人材育成策として、つまり人材への投資として実施するという。この背景には、経済的自立の手段を得るための教育は本来、家族の私費負担によって調達すべきで、公費によって高等教育の機会を与える以上、それを人材育成策として、つまり経済・産業界の人材需要に応ずるための投資として行うのは当然だ、との考えがあるのだろう。

二〇二〇年四月から始まる大学等修学支援制度は、高等教育を受ける機会を低所得層にも拡大するものだと捉えられているが、この制度にも前記の歪みが刻み込まれている。

2　大学等修学支援制度の導入

二〇一九年六月に成立した、大学等における修学の支援に関する法律（以下「大学等修学支援法」）は、経済的地位にかかわらず高等教育修学の機会が得られるよう、授業料等を減免すると同時に、給付型奨学金を支給するというものだ。すなわち、①国公私立の大学・短期大学・高等専門学校・専門学校の学生のうち、②「特に優れた者であって経済的理由により極めて修学に困難があるもの」（第三条）に対して、③社会で自立・活躍する人材を育成するための教育を継続的・安定的に実施できると文部科学大臣・都道府県知事等が確認した大学等（第七条）で修学できるよう、④授業料等を減免し、かつ給付型奨学金を支給するとしている。政府はこれにより、住民税非課税世帯及びこれに準ずる世帯の進学率を、全世帯平均である八〇パーセントまで上昇させるといい、またこれは七五万人程度を対象とし、総額七六〇〇億円規模の経費を必要とする、という（衆議院本会議二〇一九年三月一四日）。

政府は、当初これを「真に必要な者に対する高等教育の無償化」などと称していたが、最終的には「修学支援」に落ち着いた。政府自身はその理由を明確にしていないが、低所得者だけを対象とする点では「高等教育の無償化」という表現は広すぎ、授業料等の減免にとどまらず給付型奨学金も行われる点ではこの表現は狭すぎる。また、「社会で自立・活躍する人材育成のための教育」を受けるための大学等進学に限定している点で、条件付きの「支援」であって、教育を受ける権利保障としての「無償化」ではない。

後述するとおり新制度には幾多の問題点も含まれているが、条件付きまたは限定的ながら肯定的に評価できる点もある。

第一に、国公私立及び大学・短期大学・高等専門学校・専門学校の学生を区別なく同等に扱っていることだ。これまでは、授業料等の減免において、相対的には国立大学の学生が優遇される一方、専門学校の学生は授業料減免の対象外とされてきた。設置者や校種による格差が解消した点は肯定的に評価すべきだろう。

第二に、授業料等の減免とともに、給付型奨学金を本格的に導入したことだ。これまで、学生支援機構奨学金では授業料が賄いきれず、また同奨学金を利用すると授業料減免が受けられなくなることもあったが、新制度では奨学金を生活費に回すこともできる。生活保護世帯に属する若者が大学等に進学すると、生活保護受給要件である資産・能力活用原則(生活保護法第四条)を理由に、その若者は当該被保護世帯から分離され生活保護の対象から除外される。この扱いは今後も続くと思われるが(参議院文教委員会二〇一九年五月二一日、衆議院内閣委員会二〇一九年六月一二日における政府答弁)、今回の給付型奨学金の導入はそのような若者に一定の利益をもたらすだろう。

第三に、授業料等減免及び給付型奨学金の金額が大きいことだ。これは高等教育費の高さの裏返しでもある。授業料等減免額と奨学金の給付額は世帯所得等によって三段階に分かれるが、国公立については省令で定める国立大学の授業料及び入学金の標準額、私立については国立の標準額に、私立の平均額と国立標準額との差額の二分の一を加算した金額だ。また、日本学生支援機構が支給する給付型奨学金は、設置者・学校種・世帯所得等によって異なるが、たとえば自宅外から私立大学に通う学生の場合、初年度だけでも入学金・授業料の減免で最高約九六万円、給付型奨学金で約九一万円となり、合計すると二〇〇万円近い負担減となる。

授業料等や生活費の負担を考えて、大学等への進学を諦める子どもは少なくない。私の身近にも、小学校五年生のとき、家族が経済的に困窮していることをはっきり認識して、自暴自棄になって高校進学を諦めたという若者がいる。家にお金がないことで、投げやりの人生選択に追い込まれる子どもがあってはならない。経済的困窮世帯の子どもにも、大学等に進学して学ぶ機会があるという希望をもち、充実した子ども・若者時代を過ごす権利が保障されなければならない。

3　私費負担原則への固執と「支援」の限定性

しかし、大学等修学支援制度を手放しに評価することはできない。

第一に、新制度では、高等教育費の私費負担原則には少しも手が付けられていないことはいうまでもなく、授業料等減免と給付型奨学金を受けられる者（以下「対象者」）を現行制度よりも狭く限定する、世帯所得や保有資産の基準を定めていることだ。このままでは、高等教育を受ける機会を奪われる若者をこれまで以上に生み出し、あるいは高等教育費負担に苦しむ中所得世帯を今以上に増大させるのは必至だ。

世帯所得基準を例に、具体的に見ておこう。大学等修学支援法施行令（二〇一九年六月二八日）によれば、授業料等減免と給付型奨学金をフルに利用できるのは、住民税非課税世帯の若者に限定される。住民税非課税世帯とは、両親・本人・中学生の妹弟の四人家族の場合、年収が約二七〇万円未満の世帯が該当する。そして、年収二七〇万円以上三〇〇万円未満の世帯は授業料等の三分の二免除、奨学金は三分の二給付、年収三〇〇万円以上三八〇万円未満は三分の一免除、三分の一給付となる。

これを現行制度と比べると、所得基準が格段に厳しいことが分かる。政府は国会で、現在は各大学が独自に基準を定めているから、新制度との比較は難しいと答弁している。たしかに、現行制度では大学間に所得基準の違いがある。しかし、それらの基本となる基準は文部科学省自身が決めており(「授業料免除選考基準の運用について」(一二文科高第二九五号、二〇〇一年三月二八日)及び「授業料免除の取扱いについて」(一三文科高第一六四五号、二〇〇二年三月二五日))、各大学はおおむねそれに準拠して基準を定めている。それによれば、前記世帯の場合、約二四〇万円未満が全額免除、約四七〇万円未満が半額免除となる。これと比較すると、新制度は全額免除の対象をやや広げ、約二七〇万円以上約三〇〇万円未満の減免幅を大きくする一方、約三〇〇万円以上約三八〇万円未満の減免幅を小さくし、さらに約三八〇万円以上約四七〇万円未満の世帯に属する若者を切り捨てたことになる。

ターゲットを絞ってメリハリをつけることで政策効果を狙ったと説明するかもしれないが、これでは、新入生だけでなく、現在減免措置を受けている学生まで、二〇二〇年度以降は減免を受けられなくなる。この点は国会でも質されたが、今後検討するとの答弁を繰り返しただけだった。

文部科学省が八月に公表した概算要求でも、国立大学については「『国立大学の授業料減免の実施』については（中略）予算編成過程において検討する」（「高等教育局主要事項——令和二年度概算要求」二〇一九年八月）と付記するにとどまり、その行方は依然、定かでない。他方、私立大学については、この付記さえ見出せない。

国立大学の授業料等は一九七〇年代以降急激に上昇してきた。その際、引き上げによって支払いが困難になる低・中所得層に配慮して、授業料等の減免措置を行ってきた経緯がある。政府は今回、「真に支援が必要な低所得世帯に限って新たな支援措置を実施する」（参議院本会議二〇一九年四月一九日）と繰り返し発言しており、これまでの約束が反故になる可能性がある。本来は、授業料等自体の免除や引き下げが選択されるべきだが、これを一旦留保するとすれば、まず第一に低所得層に配慮した施策が必要だ。しかし、それは、中所得層に属する若者を切り捨て、これまで以上の窮地に立たせることを正当化する根拠にはならない。政府は、高等教育を受ける機会はその時々の政策判断によっていかようにも伸縮させられると考えているのかもしれないが、日本国憲法や国際人権規約に照らして認められるものではない。

4 人材育成策との連動

第二に、新制度が利用できるのは、文部科学大臣・都道府県知事等が認めた「確認大学等」に入学した若者に限られることだ。なぜ、進学先を限定する必要があるのか。

公費を投入するのだからどんな教育機関でもよいというわけにはいかないという考えには一理ある。しかし、大学等は文部科学大臣（専門学校は都道府県知事）による設置認可を受けて設置され、定期的に認証評価を受けることで、高等教育機関としての質が担保されている。このうえ、何を要件に「確認」しようというのか。

大学等就学支援法第七条には、四つの「確認要件」が定められている。その一つに、「社会で自立し、及び活躍することができる豊かな人間性を備えた創造的な人材を育成するために必要な」「教育実施体制」を備えていること、がある。これを受けて、文部科学大臣はさらに詳細な基準を次のように定めている（同法施行規則第二条）。

①実務の経験を有する教員が担当する授業科目その他の実践的な教育が行われる授業科目の単位数または授業時数が基準数以上であること。

②大学等の役員に学外者が二人以上含まれること。

③客観的で厳格な成績評価の確保。

④財務諸表、役員名簿、自己点検・評価の結果、教育研究活動に関する情報、の公表。

このうち、とくに気がかりなのは、①と③だ。③は次節で扱うこととし、ここでは①について述べる。①は、大学等に、実務経験を有する教員を一定数以上配置し、職業に結びつく実践的な教育を充実させることを求めるものだ。学生に新制度を利用させるためには、大学はこれに応じないわけには行かないから、これは事実上、大学に対する強制である。

なぜ、こうまでして大学等の授業内容を変えさせようとするのか。それは第一に、高等教育機関を経済・産業界の人材需要に応答する人材育成機関に変質させる政策と連動し、この新制度をテコに大学自治への介入を強めようとしているからだろう。現在は、医学部・薬学部・獣医学部は一九単位以上、その他の学部は一三単位以上の開設が必要とされているが、経験上、これらの必要単位数が引き上げられるのは必至だ。これらは大学等の授業科目・授業内容・教員配置に影響を及ぼし、大学教育の質に大きな影響を与えるもので、大学自治・学問の自由に反するものではないとの、柴山昌彦文部科学大臣の答弁（衆議院本会議二〇一九年三月一四日）には根拠がない。紙幅の都合で割愛するが、他の事項についても大学自治への介入の疑いがある。

第二に、政府は、低所得世帯の若者の自立には就労につながりやすい職業的・実践的教育こそ必要だと考えて、進学先を限定するのだろう。新制度を利用して大学等に進学したい若者は、進学先のみならず、人生選択さえ制約されることを受忍しなければならない。これでは、アカデミックな教育研究に重点を置く大学・学部等で学ぶことはこれまでより困難になる。新制度では、大学院進学者は対象外だ。経済的困窮世帯の若者は、より高度な学問研究の道に進むことなど希望せず、経済的自立につながるほどほどの教育に甘んぜよとのメッセージにほかならない。経済的困窮世帯の若者には、国の支援を受けて大学等に進学する以上、アカデミックな高等教育ではなく、経済的自立に役立つ職業的・実践的教育を受けよ、との要求が突きつけられているのだ。

衆議院では、宮川典子議員（自由民主党）が給付型奨学金の創設に向けた党内議論を踏まえて、「これまでのいわば対処療《ママ》法的教育予算から、多くの可能性を持つ子供たちや若者たちに投資をするための予算という考え方に変わった」「未来を切り開く能力への投資となるよう、政府に強く望みます」と発言し、麻生太郎財務大臣が「投資に見合った充実かつ質の高い教育がなされるよう、大学改革をしっかり進めていっていただく」と応じた（衆議院本会議、二〇一九年三月一四日）。このやりとりに限らず、政府が当初から大学等修学支援制度を人材育成への投資と考え、同時に大学改革のテコとして利用しようと考えてきたことは、教育再生実行会議「これからの大学教育等の在り方について（第三次提言）」（二〇一三年五月二八日）、同「今後の学制等の在り方について（第五次提言）」（二〇一四年七月三日）、同「教育立国実現のための教育投資・教育財源の在り方について（第八次提言）」（二〇一五年七月八日）、同「全ての子供たちの能力を伸ばし可能性を開花させる教育へ（第九次提言）」（二〇一六年五月二〇日）、閣議決定「経済財政運営と改革の基本方針二〇一五」（二〇一五年六月三〇日）、同「新しい経済政策パッケージ」（二〇一七年一二月八日）、同「経済財政運営と改革の基本方針二〇一八」（二〇一八年六月一五日）、人生一〇〇年時代構想会議「人づくり革命　基本構想」（二〇一八年六月一三日）からも確認できる。これは安倍政権の一貫した政策であり、「高等教育の無償化」は狗肉をひさぐための羊頭であった。

5　恩恵の代償

第三に、世帯所得等が基準以下である場合でも、学業成績などの条件をクリアしなければ授業料等減免や給付型奨学金は受けられず、入学後の学業成績等が芳しくない場合には打ち切られる可能性がある。しかも、その要件はかなり厳しい。

それは第一に、新入生の場合、高校の評定平均が三・五以上であること、入学試験の成績が上位二分の一以内であることなどを必要とし、第二学年以上で申請するときはＧＰＡが上位二分の一以内でなければならない（同法施行規則第一〇条。ただし、高卒認定試験を経て大学等に進学する者には、なぜか高卒認定試験の受験・合格をもって学習意欲があると見なされ、事実上成績要件は課せられない）。第二に、①修業年限以内に卒業できないことが確定したとき、②修得単位が標準の五割以下のとき、③出席率が五割以下など学習意欲が著しく低いとき、大学等は授業料等減免等の認定を直ちに「廃止」しなければならない。また、①修得単位が標準の六割以下のとき、②ＧＰＡが下位四分の一であるとき、③出席率が八割以下など学習意欲が低いときは、大学等は学生に「警告」しなければならない（同法施行規則第一二、一五条）。

学生は公費による修学支援を受ける以上、学業成績等の管理が必要だという意味だ。恩恵を受けるためには、出資者が納得できる人物であり、それにふさわしい学業成績をおさめる必要がある、ということだろう。

しかし、新制度が親の低所得を理由に高等教育を受ける機会が奪われる若者をなくすことを目指すのであれば、成績基準は必ずしも必要ない。もし基準を設けるとしても、成績が上位五〇パーセントであることを授業料等減免の要件にしたり、出席率が八割以下であることをもって学習意欲が低いと見なしたりするのは行き過ぎであろう。

これはつまり、他の学生には許されることが、この新制度を利用して大学等で学ぶ学生には許されないということだ。この制度による大学等進学のための支援は、教育機会の平等な保障ではなく、恩恵に過ぎない。そして、その恩恵を受ける若者には、一般学生以上の勤勉さと成果が求められているのだ。政府はこれを投資というのだから、卒業後にどのような進路を選択したかまで追跡されることになりかねない。

なお、成績評価等を厳格に行わない大学等は「確認」を取り消される。他方、成績等をめぐって、大学等は当該学生から異議申し立てを受ける可能性がある。そのため、大学等の教員は、担当科目の授業内容をより良くすることより、政府からも学生からもクレームが出ないよう、出席管理や成績評価を行うことにばかり意を用いるようになる。これでは高等教育の質を低下させかねず、本末転倒だ。

6　なぜ、教育の機会均等か

「教育の機会均等」は、近代公教育制度の根幹を成すものとして成立した歴史的概念だ。ただ、この概念は、その時代やそれを主張する主体によって異なる意味で用いられてきた。

その一つは、国民の政治的統合を目的とする国民皆学だ。この場合、教育を受けることは権利ではなく、国家に対する義務とされ、教育内容は国家によって権力的に統制される。戦前の日本は、天皇に対する臣民の義務として小学校就学が強制され、就学義務履行を目的として授業料不徴収や貧困層向けの就学奨励金が導入された。

もう一つは、教育を受けることを基本的権利として保障し、すべての国民が等しくその権利を享受できるよう国・地方公共団体が教育条件を整備するという意味だ。権利保障としての教育の機会均等という概念は、当初は初等教育と前期中等教育だけを念頭に置くものだったが、次第に後期中等教育や高等教育にも拡張され、今や国際標準になっている（国際人権規約・子どもの権利条約）。

しかし、前者のような考え方は未だ根強く残っている。小渕内閣が設置した「二一世紀日本の構想」懇談会の報告書「日本のフロンティアは日本の中にある」（二〇〇〇年一月一八日）は、「義務として強制する教育」と「サービスとして行う教育」を峻別し、前者は「最小限のものとして厳正かつ強力に行」い、後者は「市場の役割にゆだね、国はあくまでも間接的な支援を行う」べきだと説いた。そして、初等中等教育でさえ「義務としての教育」は週三日とし、残り二日は市場に委ねるべきだとした。その際、高等教育については、「世界標準で仕事ができる人材を輩出す」べく「国際競争力を向上」させるべきだと主張する一方、このときはまだ高等教育の機会均等にはまったく言及していなかった。

それから二〇年を経て大学等就学支援法が成立した背景には、①高等教育進学率が八〇パーセント近くまで上昇した一方、そこには大きな所得格差があり、②私費負担原則の下で高額な高等教育費にあえぎ負担軽減を求める国民の要求が無視できないものになった、という事情があるだろう。日本でも、高等教育の機会均等は、もはや無視できないものになった。

しかし、政府は、これを教育を受ける機会の平等保障として推進しようとしているわけではない。前記懇談会の言葉を借りて言えば、政府にとって、高等教育は今日も、「サービスとしての教育」に分類されるべきもので、それを必要とする者が私費で調達することが基本なのだ。そのうえで、経済的困窮者であって、かつ人材としての活用可能性がある者に限って、学歴獲得による貧困からの自力での離脱の支援として、また国家戦略上は人材育成のための投資として、修学支援を行おうとしているところに歪みの根源がある。これを教育制度として見れば、教育費の「受益者」負担原則には手をつけることなく、私費負担にあえぐ大多数の国民を置き去りにしたものだと言わなければならない。また、貧困対策として見ても、競争力人材になりうる若者への限定的な恩恵的措置に過ぎないと言うほかない。

真の意味での高等教育の無償化には多額の公財政支出が必要だ。しかし、国民が豊かに学び考える機会をより多く得られるようにすることは、権利としての教育を保障する立場にある国の本来の使命である。この視点に立って、社会の富の配分を構想し直すことが必要ではないか。

注

（1）子どもの貧困対策推進法は、議員立法により二〇一九年六月に改正された。その目玉の一つは、第一条（目的）の冒頭にある「子どもの将来が」を「子どもの現在及び将来が」に改めたことにある。これにより、将来における自力での貧困連鎖の遮断という改正前の理念を払拭したとは言い切れないものの、貧困状態を可及的速やかに解消することが目的に加えられたことは重要である。詳細は別稿に譲るが、今後の子どもの貧困対策にこの趣旨が反映される必要がある。

エピローグ　教師として生きるあなたへ

怒《いか》ることを教えてくれた先生

中学校一年生のとき、生徒みなで作った文集に、担任のA先生はご自身の詩を載せた。タイトルは「怒れ」。言葉はそのままではないが、次のような詩だった。

怒れ。
自分のために
怒る奴は偉い。
友だちのために
怒る奴はもっと偉い。
まだ知らない弱い人々のために
怒る奴が最も偉い。

私は、この文集を今でも大切に保管している。

この詩を読むまで、私は怒りという感情をネガティブな感情と捉え、それは抑えるべきものだと信じていた。そういえば、毎週月曜日の朝礼で、校長がくり返し「和をもって尊しとなす」を強調していた。ところが、A先生は怒りを肯定し、未知の弱者のために怒ることが最も尊いことだと言う。衝撃だった。

一三歳の私にはまだ適切に言語化する力はなかったが、未知の人々のために怒るとはどういうことか、自分は何のために何に怒るべきか、といった問いが湧いてきた。今にして思えば、この哲学的問いはその後の人生を左右することになったと思う。

この詩を受け入れられない生徒も少なくなかった。その理由は、「怒り」の肯定にあった。批判は他のクラスにも飛び火し、保護者の知るところとなり、ちょっとした騒動になった。しかし、学年末だったこともあって、結末は知らない。

一年後、怒れという言葉が、現実を動かすときが来た。

私の中学校には、定期試験のあと、全生徒の氏名・順位・得点を廊下に張り出す習わしがあった。目的は「競争心の向上」と説明された。しかし、私の学年だけは入学以来二年間、成績公表は一度もおこなわれなかった。ところが、三年生の始業式のあと、私たちは各クラス担任から、今後は順位と得点を張り出すと伝えられた。

A先生は他の学年に異動していたから、これまでA先生が成績公表を止めていたという噂が流れた。その真偽はわからないが、これからは自分自身でがんばるほかないと悟った。三年生の全クラスで、自然発生的に張り出し反対の声が上がった。

成績公表で競争を煽れば、生徒同士傷つけ合うことになる。成績下位の生徒にとってどれほど耐えがたい仕打ちか、誰もがわかっていた。下位の生徒ほど反対と言えないことも、容易に想像できた。戦いは授業ボイコットという形で三週間ほど続いたが、内申書を盾にとった脅しもあって、反対の声は次第に小さくなった。しかし、私のクラスはゴールデン・ウィーク前まで戦いつづけ、全生徒の順位・得点の公表を阻止した。

数年前、数十年ぶりの同窓会で、一人の同級生との会話がこのことに及んだ。その人は最後まで反対した生徒の一人だった。彼女もこの戦いを鮮明に記憶しており、教師のひきょうな手口を批判するとともに、A先生に対する感謝の気持ちを語った。

「怒れ」という詩は、私たちの心に思想の種子を蒔いた。そして、A先生の日々の振る舞いは、太陽と水が種子の発芽を促し育てるように、私たちに何に怒るべきかを考えさせ、他者のために行動することへと導いた。

〈飛び立ちかねつ　鳥にしあらねば〉

この二〇年ほどの間に、日本は経済的・社会的格差が大きな社会になってしまった。相対的貧困にあると判断される満一八歳未満の子どもの割合を示す子どもの貧困率も、貧困の深刻さを表す貧困ギャップ率も、日本は高い水準にある。政府は、経済的困窮家庭の子どもの高校・大学進学率を向上させることで、貧困の世代間連鎖を断ち切ると言う。しかし、子どもが直面する経済的・社会的格差の包括的な解消には消極的であり、経済的困窮に疲弊する親への援助や、荒れる家庭環境の改善には冷淡だ。

この背景には、「貧困＝自己責任」論がある。貧困は本人に原因があるという捉え方だ。したがって、経済的困窮家庭の子どもにも高校・大学などに入学するチャンスだけは与えるが、それ以外は自己責任、「自分自身で這い上がれ」ということだ。しかし、経済的困窮家庭の子どもに対する生活保障はとても手薄で不安定だ。

この問題が見過ごされるのは、一般家庭には教育費の自己負担が求められているからだ。日本は公教育に対する公費負担割合が小さく、特に幼児教育と大学教育は私費負担に依存している。子どもの教育費を家庭が負担するのは、日本では常識かもしれないが、世界の常識と思ってはならない。教育費の自己負担を当然視する思考回路は、貧困観を問われると、「貧困＝自己責任」

という解をはじき出してしまう。

現に貧困にある子どもや家庭だけが苦しんでいるのではない。現在は経済的に困窮していない人や家庭には自己責任と自己負担が求められている。「自己負担できるのは、幸せの証だ」という考えもあるかもしれない。しかし、それでは、うっかりすれば貧困に陥りかねない薄氷の上を歩みつづけることになりかねない。

山上憶良は、「貧窮問答歌」の反歌として、「よのなかを　憂しとやさしと　思へども　飛び立ちかねつ　鳥にしあらねば」と詠んだ。今の世の中をつらく恥ずかしいと思うが、自分は鳥ではないからここから逃げ去ることもできない、というほどの意味だろう。この歌は厭世《えんせい》的に読めるかもしれないが、「貧窮問答歌」に登場する二人の男の会話からは、彼らを貧窮に追いやる社会構造の一端が読み取れる。ここに社会変革の思想を見出すことは難しいが、厭世歌として片づけることも短慮すぎると思う。

憶良自身の意図や研究者の読解を離れて、つまり素人が勝手に、上述のような社会状況に即して「飛び立ちかねつ　鳥にしあらねば」を読むと、鳥のように逃げ去ることのできない私たちは、逃げ去りたくなる状況を作り出している社会構造を見破り、その変革・改造を引き受けるほかないという考えに行き着くのではないか。鳥は逃げ去る以外になす術をもたないが、私たちは踏みとどまって社会を変える術をもっている、あるいはその術を獲得できるのである。

〈面白き　こともなき世を　面白く〉

今日の日本は、先の見えない閉塞的な状況にある。多くの人が、希望を見失い、また根拠のないものに希望の幻影を見ようとしている。

幕末の志士・高杉晋作は、「面白き　こともなき世を　面白く」と上の句を詠んだ。下の句の「すみなすものは　心なりけり」については、高杉が詠んだものか否かを含めて諸説ある。しかし、これを、心のもちよう一つで、この世は面白くも、つまらなくもなる、と解釈する人が多いようだ。

私はその解釈に納得できない。高杉は、行動の人だ。奇兵隊を組織し、倒幕のために藩上層部とも戦った。自らの行動によって、「面白きこともなき世を面白く」生きた人だ。彼の人生を面白くしたのは、心のもちようではなく、彼の行動だったのではないか。

フランスの詩人ルイ・アラゴンは「教えるとは、希望を語ること」(「ストラスブール大学の歌」より) と書いた。将来の展望がもちにくい社会にあって、子どもたちに根拠のない希望を語ることは空々しく、無責任でさえある。アラゴンは、ナチス・ドイツによる占領下で、フランスの未来、したがって希望を切り拓く戦いの中で、「ストラスブール大学の歌」を書いた。自分自身が希望を切り拓こうとする者にして初めて、他者に希望を語ることができるのではないか。

今日ほど希望を語ることが大切な時代は、かつてなかっただろう。子どもたちに責任をもって希望を語ろうとするなら、働く仲間とともに自らの希望を切り拓く行動をその裏づけとしなければならないのではないか。

あとがき

ぼうっと生きてきたわけではないが、気がつくと名古屋大学を退職する年齢になっていた。しかも、幸運にも声をかけてくださる大学があったので、心残りなことも多々あるが、急遽、一年早く退職することにした。このあと五、六年は研究と教育に従事したいと思う。私は唯物論者を自認しているが、こんなときだけは、幸運の女神に見守られていると感じる。

偏差値による輪切りと学力競争に嫌気がさして、私は自宅から最も近い公立高校に進学した。高校では生徒会活動に多くの時間を割いた。理論武装が必要だと考えて、書店で見つけた、兼子仁『国民の教育権』（岩波新書、一九七一年）、玉城肇『日本教育発達史』（三一新書、一九五四年）、横浜国立大学現代教育研究所『中教審と教育改革――財界の教育要求と中教審答申』（三一書房、一九七一年）を読んだ。敵の論理も知らなければならないだろうと、相良惟一『教育法規入門』（明治図書出版、一九七〇年）にも手を出した。あの高校に進学したことが、幸運の始まりだったかもしれない。

高校三年生の秋までは、理学部に進学したいと思っていた。ところが、文化祭の自主企画としてシンポジウム「九条と自衛隊」を準備していた矢先、一九七三年九月一一日、チリ国軍の軍事クーデタによってアジェンデ人民連合政権が倒された。これを契機に、大学では社会科学を学ぼうと考えを変えた。しかし、一つ年上の友人沢田直人氏の粘り強い勧めがなければ、理学部で趣味の世界に浸っていたかもしれない。沢田氏との出会いは、私にとって最大の幸運である。

名古屋大学法学部では、影山日出彌先生から憲法学を、田口富久治先生から政治学を学んだ。大学院教育学研究科では、鈴木英一先生と榊達雄先生から教育行政学を学び、社会教育学の小川利夫先生と中等教育論の佐々木享先生からもご指導いただいた。また、名古屋哲学セミナーの真下真一先生と吉田千秋先生からは哲学だけでなく、民衆が直面する課題に応答しつづける学者の生き方を学んだ。どれだけ時間をかけても足元にも及ばない多くの恩師を得たことは幸運と言うほかない。

教育委員として愛知県犬山市の教育改革に参加できたこと、全国大学高専教職員組合の中央執行委員長として労働運動に参加できたこと、「なくそう！ 子どもの貧困」全国ネットワークの活動に参加できたこと、そして福岡県柳川市のひかり幼稚園やたんぽぽの会の方々と多くの時間を共有できたこと、これらを通して、ひとりの人間として、また研究者として、多くのことを学ばせていただいた。これらの幸運を女神の介在なしに説明することは難しい。

青土社編集部の足立朋也氏から本書刊行のご提案をいただいたのは、冬も半ばのことだった。春には刊行したい、と言う。こんな幸運は稀《まれ》にしかないことだ。しかし、拙論を読んでくれる人がいたことが、何より嬉しかった。

大学院生時代の恩師鈴木英一先生はご退官にあたって『教育改革と教育行政』（勁草書房、一九九五年）を刊行され、もう一人の恩師榊達雄先生は『教育自治と教育制度』（大学教育出版、二〇〇三年）を刊行された。お二人は多くの弟子たちそれぞれに一章を執筆する機会を与えてくださった。本書の刊行は自分自身の節目にはなったが、私の研究室に集まってくれた人たちに執筆機会を提供できなかったことは申し訳なく思う。いつか責《せ》めを果たさなければならない。

本書には、新自由主義的国家改造を担う国家主義者の政権が、私たちの社会を、したがって私たちの人生を壊し続けている、まさにその現実を、子ども・若者そして教育制度に焦点を当てて考察した論稿を収録した。息長く多くの読者を得たいと願う。しかし、現実が大きく転換し、本書が役割を終える日が一日も早く来ることを願わずにはいられない。

二〇二〇年二月

中嶋哲彦

初出一覧

序　論　書き下ろし
プロローグ　『クレスコ』二〇一一年六月号（全日本教職員組合）
第一章　『世界』二〇一二年四月号（岩波書店）
第二章　『世界』二〇一二年五月号（岩波書店）
第三章　『世界』二〇一四年三月号（岩波書店）
第四章　『現代思想』二〇一四年四月号（青土社）
第五章　『世界』二〇一七年八月号（岩波書店）
第六章　『世界』二〇一八年六月号（岩波書店）
第七章　『人間と教育』二〇一九年六月号（民主教育研究所）
第八章　『世界』二〇一五年一二月号（岩波書店）
第九章　『世界』二〇一七年三月号（岩波書店）
第一〇章　『人間と教育』二〇一八年九月号（民主教育研究所）
第一一章　『日本の科学者』二〇一二年一一月号（日本科学者会議）
第一二章　『世界』二〇一三年三月号（岩波書店）
第一三章　『世界』二〇一五年六月号（岩波書店）
第一四章　『日本の科学者』二〇一五年七月号（日本科学者会議）
第一五章　『世界』二〇一三年六月号（岩波書店）
第一六章　『世界』二〇一五年八月号（岩波書店）
第一七章　『世界』二〇一九年一一月号（岩波書店）
エピローグ　『クレスコ』二〇一九年四月号（全日本教職員組合）

中嶋哲彦（なかじま・てつひこ）

1955年愛知県生まれ。博士（教育学）。名古屋大学法学部卒業、同大学院教育学研究科博士後期課程単位等認定退学。専門は教育行政学、教育法学。現在、名古屋大学大学院教育発達科学研究科教授、同教育学部附属中・高等学校長兼任。教育の自由と自治の問題を、制度と運用の両面から探究している。主な著書に『教育の自由と自治の破壊は許しません。』（かもがわ出版、2013年）、『教育委員会は不要なのか』（岩波書店、2014年）、『考えよう！ 子どもの貧困』（PHP研究所、2017年）などがある。

国家《こっか》と教育《きょういく》　愛《あい》と怒《いか》りの人格形成《じんかくけいせい》

2020年3月17日　第1刷印刷
2020年3月27日　第1刷発行

著　者　中嶋哲彦《なかじまてつひこ》

発行者　清水一人
発行所　青土社
〒101-0051　東京都千代田区神田神保町1-29　市瀬ビル
電話　03-3291-9831（編集部）　03-3294-7829（営業部）
振替　00190-7-192955

印　刷　ディグ
製　本　ディグ

装　幀　コバヤシタケシ

ISBN978-4-7917-7255-1　C0037